现代汽车的开山之作

——福特T型车的设计故事

ANY COLOUR-SO LONG AS IT'S BLACK: DESIGNING THE MODEL T FORD

1906～1908

［澳］约翰·党肯 著 王先进 等译

北京
冶金工业出版社
2012

北京市版权局著作权合同登记号　图字：01-2012-6979 号

图书在版编目（CIP）数据

现代汽车的开山之作：福特 T 型车的设计故事/（澳）党肯（Duncan，J.）著；王先进等译．—北京：冶金工业出版社，2012.10
书名原文：Any Colour-So Long as it's Black：Designing the Model T FORD 1906～1908
ISBN 978-7-5024-6049-5

Ⅰ.①现…　Ⅱ.①党…　②王…　Ⅲ.①汽车—设计　Ⅳ.①U462

中国版本图书馆 CIP 数据核字（2012）第 223389 号

出 版 人　谭学余
地　　址　北京北河沿大街嵩祝院北巷 39 号，邮编 100009
电　　话　（010）64027926　电子信箱　yjcbs@cnmip.com.cn
责任编辑　李培禄　美术编辑　彭子赫　版式设计　孙跃红
责任校对　禹　蕊　责任印制　李玉山
ISBN 978-7-5024-6049-5
冶金工业出版社出版发行；各地新华书店经销；三河市双峰印刷装订有限公司印刷
2012 年 10 月第 1 版，2012 年 10 月第 1 次印刷
148mm×210mm；6.75 印张；150 千字；205 页
25.00 元

冶金工业出版社投稿电话：（010）64027932　投稿信箱：tougao@cnmip.com.cn
冶金工业出版社发行部　电话：（010）64044283　传真：（010）64027893
冶金书店　地址：北京东四西大街 46 号（100010）　电话：（010）65289081（兼传真）
（本书如有印装质量问题，本社发行部负责退换）

译者的话

本书是2008年约翰·党肯教授专为福特公司T型车诞生一百周年而撰写的著作。

约翰·党肯教授是国际著名薄板成型专家，具有深厚的文化底蕴和高超的学术造诣，在本学术领域作出了重大贡献。他在美洲、澳洲、欧洲的学术活动仍在影响着工业界和理论界。特别是在板成型的计算力学方面与波兰教授马辛利亚克合著的《板成型力学》一书被公认为该领域经典。党肯家族与福特T型车的开发和生产渊源颇深。他和他的祖辈曾是T型车的制造者、使用者和收藏者，对风行一时的T型车有深刻的研究和体验。因此谈到T型车的设计成就，他是当之无愧的专家。在本书中，他博古通今、广征博引，从英国的莎士比亚、罗马的恺撒到中国的孔子，“他山之石，可以攻玉”，本书中所表达的设计思想对当前我国汽车自主创新车型设计具有重大参考价值。

约翰·党肯教授为人善良，平易近人，学风严谨，他所领导的课题组可称为国际学术研究的典范。

约翰·党肯教授对中国十分友好，本人作为高访学者曾于1982~1984年赴加拿大麦克麻斯特大学从事研究工作，从此开始了我们之间的友谊和友好合作近三十年。他一贯善待中国学者，关心我们的工作、生活和家庭，是中国访问学者和学生的良师益友。1984年约翰·党肯教授被北京科技大学聘为名誉教授，多次来华讲学访问，并合作培养博士研究生。

约翰·党肯教授是汽车板研究领域的开拓者和学术带头人，对我国汽车板的发展有着重大贡献。我们多次共同撰写了关于中国汽车板发展的文章；他作为北美深加工学会（NADDRG）副主席，介绍由本人组建的中国金属学会深加工学会（CDDRG）与国际深加工学会（IDDRG）建立联系，使中国深加工学会成为该组织的正式成员，1992年我国第一次成功主办了第17届国际深加工学术会议；为中国金属学会主办的1997年（北京）和2009年（大连）汽车板国际会议的成功举行作出了重要贡献。

本书的翻译工作得到了北京科技大学冶金工程研究院的大力支持，参与翻译与校对工作的有赵爱民、孙蓟泉、武会宾、江海涛、赵征志、陈银莉、苏岚、李志超、段晓鸽，唐荻院长对此书的出版也给予了诸多帮助。特别要提出的是，北京科技大学的苏岚博士和澳大利亚卧龙岗大学的丁士超教授，花费了大量时间与精力，对此书进行了多次校对工作，直至最终定稿，译者在此一并表示感谢！

谨以本书的翻译和出版作为献给约翰·党肯教授八十大寿的生日礼物。

北京科技大学教授

2012年4月于北京

单位转换

在本书中使用的是公制单位。对于那些希望了解得更详细的读者请参考附录 2 中的简要注释，其主要的单位转换为：

10 英里每小时 = 16 公里每小时

即：

50 公里每小时 = 31 英里每小时

重量：

1200 磅 = 545 公斤（或略超过半吨）

Unit conversions

Contemporary units are used in the text. Those who wish to dig a little deeper will find a short note in Appendix 2, but the major conversions are:

10 miles per hour = 16 kilometres per hour

Thus:

50 kilometres per hour = 31 miles per hour

Weight:

1200 lb (pounds) = 545 kilograms (or a little over half a metric tonne).

原书致谢

很多人，包括那些先辈在南澳洲T型车的开发中扮演了重要角色的党肯家族成员，对这本书给予了帮助，特别是伊恩·党肯·史密斯先生、李察德·党肯先生和杰姆斯·党肯教授。大卫·羌璀先生曾写过一本有关党肯家族与弗莱泽公司的历史书，该书从多方面对本书提供了帮助。史蒂夫·潘敦先生慷慨地提供了照片；曾为使匹奎特工厂成为历史遗迹做出贡献的J. A. 米歇尔博士，提供了原创思想。特雷弗·肖先生友善地允许我们将他的汽车拍照并用于此书。许多T型车的专家，包括罗德·威尔奇先生审阅了本书的草稿，但错误之处之文责依然由作者本人承担。作者非常感谢所有这些帮助，以及来自家庭的鼓励，特别是妻子帕璀霞和具有数学才能的女儿苏菲。

作者感谢Exisle出版公司出版了这本书，特别是伊恩·瓦特先生，对他的快速、敏锐、友善的编辑工作表示感谢。

Acknowledgements

Many have helped with this work, including members of the Duncan family whose forebears played an important role in establishing the Model T in South Australia, particularly Ian Duncan Smith, Richard Duncan and Professor James Duncan. David Chantrell has written a history of the Duncan and Fraser Company and assisted in many ways with this book. Steve Panton generously provided photographs; and Dr J A Mitchell, who was instrumental in preserving the Piquette plant, provided the original idea. Trevor Shaw kindly allowed his car to be photographed for the book. The manuscript was checked by several Model T experts including Rod Welch, but errors that remain are the responsibility of the author. The author is most grateful for all this help and for the encouragement of immediate family, particularly his wife Patricia and daughter Sophie, whose mathematical skills were important.

The author thanks Exisle Publishing Ltd for undertaking this work, especially Ian Watt for his swift, penetrating but kindly editing of a manuscript that needed help.

目　录

1　设计未来 …… 1

2　选择时机 …… 7

3　结构 …… 15

4　传动机构 …… 21

5　发动机 …… 29

6　变速器 …… 45

7　电气系统 …… 67

8　成功 …… 77

附录 1　T 型车的生产 …… 84

附录 2　附加的单位转换 …… 86

参考文献 …… 87

后　序 …… 88

作者简历 …… 91

Contents

1	Designing the future	95
2	Choosing the moment	103
3	Structure	113
4	Running gear	119
5	Engine	129
6	Transmission	149
7	Electrics	175
8	Success	187
Appendix 1	Production of Model T cars	195
Appendix 2	Further unit conversions	197
Bibliography		198
Afterword		199
About the author		203

1

设计未来

首先保证这项设计是英明而且合理的：我们竭力追求，它确定无疑；不要只因一次失败，就放弃原来决心达到的目标。

（威廉·莎士比亚）

直到1906年，美国人开始认识到汽车不只是富人的玩具；它可以很好地融入人们的日常生活。随着价格的降低，许多人有能力购买汽车，大量的车型品种面世。在此之前，多数买家都不曾拥有小轿车，他们很难做出选择，他们不知道自己买车是出于理性还是仅凭一时冲动。然而，有史以来第一次，对于买车的人来说，他可以给他拥有一辆轿车的强烈愿望找到理由，如轿车可以作为代步工具，并且养车比养一匹马划算多了。

人们对于汽车的大量需求使得很多公司蜂拥而至。为了满足需求，他们生产各种不同类型的机动车。发动机也许只有单缸或多缸。曾经有过一种流行的样式实际上就是不用马的轻型马车，这种小车把发动机装在座位下，采用舵柄驾驶。也有我们一眼就能认出的汽车：发动机装在车的头部，采用方向盘驾驶，拥有能够容纳4~5人的车厢。当时大家对汽车的标准形式并没有统一概念。市面上大多数汽车是汽油发动机驱动，但是也有许多蒸汽汽车和电池驱动的电动汽车。

这是一个实验探索的时代，并且现在看来，也是一个充满困惑的时代。这个时候，亨利·福特带领着他精挑细选的干将们，设计出了一款成功的车型，以至于在此后的十年里所生产的汽车中有一半都采用了同样的设计。这款被称之为“T型车”的汽车，其车轮、发动机、散热器和方向盘看起来并无特别之处，但是在它的外表之下却包含着大量的技术革新和清晰的考量。T型车的很多特征都是新颖或独到的，直到20世纪20年代这些特征成为汽车工业的典型技术实践。福特先生首创的一些装置如自动变速器、电打火器和发电机等，经过后来的改进完善成为当今的汽车技术。截止到T型车停止生产的1927年，基于初始设计的汽车生产总量已经超过1500万辆。在之后的年代，虽然T型车被其他车型取代，但其一款设计持续如此长的时间而不做大的修改的成就在汽车工业历史上是极为卓著的。

福特公司早年的发展史已经被很好的研究过了，也有很多可供参阅的书籍和资料。除此之外，那些关于T型车设计的小故事却无人谈及。很多人都知道流水装配生产线，巨大的福特工厂以及相信是福特先生曾说过的：“只要（福特车）还是黑色的，顾客就可以选择任何颜色（福特车）。”但是真正引领这些事件发生的关键之处在于福特汽车的机械设计。设计决定了车的表现，激励顾客，从而带来市场需求。为了满足市场需求而建造巨大厂房，导致了成本降低。尽管便宜的价格永远拯救不了差劲的产品，但优惠的价格却进一步促进了市场需求。汽车被设计成几个精心调试的部件，有利于更快、更经济的组装，因而促进了规模化生产。

众所周知，一个画家无论何时作画，不管画的是什么，它都忠实（或背叛）画家本人的个性。工程设计也情同此理。亨利·福特的个人特性和T型车的设计特征是完全纠结在一起的。纵观一生，福特先生与其家人和同事的关系并不融洽。事实上，福特先生仅与几位才华卓著的人相交甚深成为朋友，像托马斯·爱迪生、小哈维·福斯通（轮胎制造商）以及后来的查尔斯·林博等。从另一角度看，福特和他儿子爱德索以及令他焦头烂额的工会的关系都折射出他个性中不易相处的一面。他就是这样一个令人非常着迷而倔强的人。本书作者的一个亲戚，豪维叔叔在福特早期的工厂里做领班。他说一旦工厂停电，这种事情时常发生，福特先生就会立刻离开他的办公室走进工厂。如果他看到一个工人在闲逛，他就会走上前去，带他去见他的领班。他会当场开除领班，理由是一些清洁、整理和分类的工作即使在停电时仍可以做。豪维叔叔的护身法宝是随时在他的储物柜里面备上油漆桶和刷子，一旦停电，他的工人就会拿起油漆桶找台同颜色的机器开始刷漆，不管那台机器是否需要。

和福特先生接触过的人都觉得福特是个充满矛盾的人，或许其他人对他的汽车也有类似的看法。作者父亲讲过这样一个故事，一天他外出到远郊在路上遇到一个正在修理T型车的人，他停下来提供帮助，却遭拒绝：“不用老板，你赶你的路，我能搞定。”5、6个小时后他原路返回，发现那个人还在那里修汽车。他再次表示提供帮助但又遭拒绝，这时我父亲注意到那个修车人打着赤脚，靴子整齐地摆放在马路边。于是他就问修车人为何如此，那个人回答道：“老板，你要知道，要是我不把鞋脱掉的话，我早就将这辆破车踢成碎片了。”

在福特公司的发展历史上，有很多这样的例子，人们如果不把靴子脱掉的话，肯定会拿福特轿车出气。但是福特很少关注其他人的看法。据报道，在20世纪20年代早期时，很多人认为应该彻底重新设计T型车。一组设计师也根据他们自己想要做出的所有改进设计出了原型车。然而当工程师们骄傲地向福特展示那辆车时，福特先生却抡起一把大锤把样车砸个粉碎，然后没留一句话就走了。如果福特先生能够更多地考虑别人的想法和感受，他的家庭会是一个更为愉快的家庭，他本人在人们心中也会是一个更受欢迎的形象，但无论是他的车还是他的公司都可能不会取得这样的成绩。福特所设计的汽车并不是人们“想要”的。福特分析了形势，认为他的汽车能够最好地满足那个时代人们的需求。在我们这个时代，好的设计经常向所谓的“市场调研”妥协。有必要我们重新回顾这样一个特例，一个执著而优秀的工程设计能够获得如此成功的故事。很难搞清楚福特的能力来自哪里。在他开始制造汽车之前读过机械工程并在工厂有一些实际经验。他也极其关注那些懂得工艺基本原理的人，并渴望从为数不多的几个他十分了解并尊敬的人那里得到建议。不过最后，他似乎做得都很对。

在1906～1908年间，福特公司设计出了T型车并在福特公司的底特律匹奎特大街工厂里组装出了原型。厂房建筑至今还依然矗立在那里，人们可以观瞻汽车诞生的地方。感谢一些社会人士的努力，那栋建筑成为了国家遗产，是标志工程设计伟大范例之一的纪念碑。福特所取得的成就乍一看并不是十分突出，但是如果从汽车的概念和组装方式的角度深入地去看，我们就能够理解这一历史事件的重要性了。

2

抉择时机

人们的事业有如潮汐，潮涨而进，则导致机遇。

（威廉·莎士比亚：《朱丽叶·凯撒》）

1896 年亨利·福特在他家的车间中制造出他的第一辆车——四轮车。经历多次错误的开端之后，1904 年福特公司终于生产出几种车型，从轻型到大型。这是实用、可负担得起的汽车问世的时代，当时最流行的汽车之一就是奥得斯莫比尔。这基本上就是一种在座位下装有发动机和用舵柄驾驶的动力驱动的马车，售价 650 美元。并且，根据一位在福特先生团队中工作多年的重要成员——查尔斯·索伦森的说法，这种汽车生产了几千辆。我的曾祖父是这些机动马车在澳大利亚南部的代理商，并且他的儿子们创造了数次穿越主要大城市之间的记录。同时期也有一些汽车如我们所知的发动机前置驱动后轮和整体车厢的汽车。需要一些技能来发动和驾驶这些车辆，以及能更换轮胎和在必要时从沟渠中将车拖出来，在那时，很多驾驶员是在农场里长大的，他们可以驾驶这些车辆。不论是需要交通工具的医生或邮递员，还是到市场上去的农夫或商人，所有人都开始关注这种经济实用的汽车作为马车的替代品，对合理的价格、实用的汽车的需求正以高速率增长。

在1906年，福特先生生产出他心目中几近理想的汽车，N型车，标价为500美元。这是一款灵巧的、装有四缸发动机的轴驱动的汽车。这种汽车流行起来，并且将公司放到了人们对实用汽车需求的浪尖上。在那时，福特先生很幸运地有个合伙人，詹姆士·库伦士，管理公司的财务、账目和销售事务，使得福特先生能够腾出手来集中心力设计下一款车型。很显然福特先生对N型汽车并不满意，他一定曾经更深入地考虑过将来需要的是什么。人们对汽车强劲的需求远超过他的预期，告诉他将来所需汽车的数量甚至更大。很明显这意味着汽车的每个零部件都必须设计得更容易加工和大量生产。不太引人注目的事实是，随着汽车数量的突然增加，很多买主是首次拥有自己的汽车而随后成为见习司机。那个时代的典型汽车是既不容易启动又不容易驾驶。

驾驶中一个主要的问题是换挡，而改进后的汽车必须解决好这个问题。今天很多人驾驶自动挡车，而他们以及仍喜欢手动挡变速器的人们，会担心早时司机的艰难条件。实际上在那时候还没有发明现代齿轮箱中容易变换齿轮的装置。没有这些改进将会产生严重的咬齿。很明显，汽车必须能够在凹凸不平的道路上、在夏天的泥地中和冬天的雪地中行驶，这意味着较大的离地间隙。但福特先生清醒地意识到合理的动力与轻量化车相匹配。设计者们发现通过装载大发动机他们很容易增加动力，但是如果不得不将底盘、变速器和轴等部件大型化来承受增加的应力，则功率重量比并未得到改善，其优势将丧失殆尽。必须打开些新思路来增加动力而减轻车重。

很明显，开始时快速设计，然后在获得经验的基础上一点点改进，这种设计方法是不可行的。如果成千上万的汽车散布在全国各地，就不可能跟踪所有车辆的变化，而福特先生预料到标准备件的必要性，这样才能使车主维修自己的车辆。因为每个人都是处于初学阶段，而设计在开始时就必须合理正确，并且每年尽可能少地变更，这样缺少经验的卖车人和车主就有机会积累他们的技能。福特先生一定是考虑到了那种能够大量生产的汽车制造厂。他一定也意识到不能因为设计的改变来干扰生产。

到了 1906 年末，迎来了 20 世纪最辉煌的事件之一。N 型车，在底特律福特匹奎特大街的工厂生产的车，更为流行而使资金源源不断，并且如前所述，福特先生开始腾出手来潜心设计一款新车。看他怎样去做这件事是令人着迷的。他将整个项目集中在一个尽可能小的范围内，依据他个人的看法仅挑选他认为具有特殊才能和头脑的人。然后在繁忙的匹奎特工厂的库房顶层分隔出一个很小的房间，15 英尺 × 12 英尺（5 米 × 4 米），在那里准备一些黑板和一些基本的工具。据查尔斯 · 索伦森回忆，只有他（查尔斯）和绘图员——杰伊 · 伽兰，以及他的两名助手——吉尼 · 法卡斯和路易斯 · 哈莫斯博格才允许进入那里。这是一个很小的空间，全加起来，稀稀拉拉两件家具，但却放置了一件奇特的家具——一把摇椅。

福特先生有一种特殊的工作习惯。他仅仅与几个他非常了解的人交流。显然他的某些想法仅是雏形，他需要专家们去补充细节。他的合作者们做所有的事，后来有人问他的一位合作者福特先生是如何完成他的工作时，这位合作者回答道：“他似乎什么都不做，只是在那儿”。这也许正是放把摇椅的原因。当所有的一切发生时，福特先生仅仅是就在那儿，他从不命令别人做什么。这可能是某些工作的一种方式，在一个从事设计工作的团队中，每个人都必须时刻思考问题。或许福特先生认为他的任务是思考最终的目标，而不是过于关注怎样达到这个目标。用这样的方式，与他共事的同事必须设法找到具体的解决方案。并且由于他们各有所长，他们可以找到最好的方法解决问题。

这一团队虽然很小，但却涵盖了所需的技能：一个模型工并且精通铸造，其他人能领悟设计，绘制工程图纸用于汽车开发。很显然福特先生不会看后来被称为图纸的“蓝图”，在零件被用钢和铁制成之前，他叫人制作零件的木质模型，这样他可以看到其形状并研究零件。其他人也经常会被找来，即使是他们不被允许进入密室，其中一个精通电气，另一个熟悉引擎，等等。这些人大体上说是工匠而不是受过专业训练的工程师。

当今设计团队是为一个训练有素的工程师准备的，这个团队中处于不同水平的人员真正的交流是必不可少的。遗憾的是这种相互切磋在现今的某些项目中常被忽视。设计是一种创造性工作，团队成员之间的互动是一个敏感的过程，取决于许多领域中的经验和专门技能，并且首先是相互尊重团队中的每个人的天赋和每个人，而不论他们具有什么层次的正式教育背景。现在很多年轻人认为，在开始他们的职业生涯之前要接受高等教育，并且因此而背负高额的经济债务。这可能是不明智的。索伦森的在校时间很短，他在工作中学习，正如他那一代人，去上夜校。他抓住了问题的核心，他说：“如果一个人在早年不得不离开学校，没有人可以帮助他，如果因此他缺少教育，他可以帮助他自己”。

这就是当T型福特车问世时匹奎特工厂所处的情景，在1904～1908年之间，汽车设计师的机遇比任何时候都要好，但也具有挑战性。这时并不缺少设计师或未来的设计师。有些人失败了，有些人干得很好，但用一项设计所生产出的车的数量来评判，没有人能与亨利·福特和T型车相比。有人说T型车不是个 sophisticated 设计。韦伯字典中 sophisticated 一词的定义为：

高度复杂的，精密的，先进的，具有先进形式和技术等。

有人可以想到形容汽车的形容词，如“简单”、“便宜”或“高效”。T型车可能缺乏其他车的优雅，但无可置疑它的主结构是正确的。曾有一位诗人（约翰·颛登）而不是一位工程师说得好：

“我们必须趁热打铁，而在闲暇时可以抛光润色。”

观察T型车的主结构的设计是引人入胜的。车的每一个部件——车身、发动机、变速器等都展现出两个突出的特性。首先这种车型完全不同于其他人正在做的，或以往做的。仅有的例外是有些思想可以从N型车上看到痕迹，有些零件改进后用于T型车，其他的都被抛弃了。我们不必要自己成为汽车工程师，去理解那么多新的完全基于科学和工程的概念，并且如果我们顺着思路就会发现，这些新想法在几年后如何在企业中变成标准的工艺。第二个特征我们可以注意到的是，所有的这些不同被完美地结合在一起贯穿于整个设计之中。这是所有优秀设计的特征，每一零件不可或缺而形成一种整体风格。或许这正是所有艺术作品的真谛，无论是一幅画、一段音乐或一台机器，人类创造的任何杰作将总是一种和谐的融合体。工程设计，牢固地基于科学和力学，仍然是一种艺术；T 型车设计的协调是有目共睹的。

3

结　构

今天科学家们已经用计算来代替实践，他们漫游在方程式之间，最后建立起一个与实际并没有直接关系的结构。

（尼古拉·特斯拉：《现代力学和发明》）

早期的典型小汽车车架是由横梁连接的两个车架大梁组成。大梁的形状要适应安装在轴上的四个板簧。这种车架或底盘的作用是为了将车身和发动机的重量传递到车轮上去，并且可以保持车轮和轴都在适当的位置上。这种布置可能起源于早期的四轮马车，并且看上去似乎很合理，但是也有一些缺点。为了制造这些弯曲的大梁，需要两套昂贵的模具，一套左，一套右(或如马车夫和早期的汽车工作者所说，分为近端和远端)。为了成型这种形状的车架，需要软且塑性较好的钢，并且成型后又要切割，会造成一些浪费。

福特先生有一个好主意，它似乎在某种程度上来源于N型车，并在T型车中得到发扬光大。他将其大梁变成直的，仅在一端端部有一定的锥度，这样就可以用更简单的模具对更硬的钢材进行成型了。福特先生仅用两个板簧来取代四个板簧，每根板簧都夹压在特殊形状的横梁中间。将这些冲压成型的钢板铆接在大梁上，整体形状就像一个老式的床架。

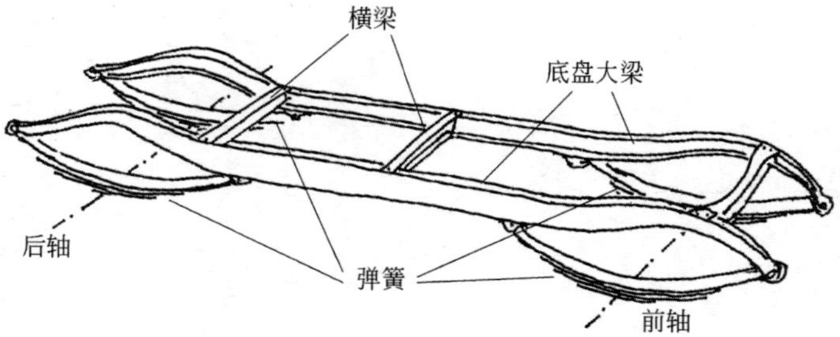

图1　当时的小客车框架

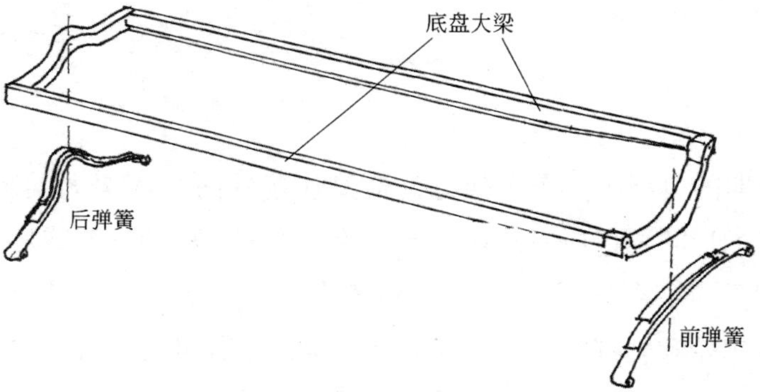

图2　福特T型车框架

虽然两种式样的框架都很容易发生扭曲，但对于采用的车身却不是什么大问题。车身框架都是木制的而且是开放式的，能够适应一些扭曲变形。福特底盘的优点在于，因为这些板簧被固定在横梁中间，与四根板簧的系统相比，当轮子走在不平坦的道路上时，所引起的颠簸更容易消除。并且框架更简单更轻。

除了结构上的考虑，很明显，两根板簧比四根板簧更便宜，福特先生在内心深处不禁想，如果他能够用别人制造一台车的零部件数量来制造两台车，这将是令人惊叹的优势。虽然没有达到这一目标，但T型车所用的螺母和螺栓以及其他零部件都要少于其他类似的车辆（T型车的车主们对其额外的和附带的好处的欲望总不知足，所以或许这些优势仅仅是暂时的）。

当然，减少板簧的数量也有不好的一面。虽然这种框架更轻并且能够更适合不平坦的路面，但是乘坐起来没有其他形式的框架平稳。福特先生不仅对金属所能承受的应力有一种本能的了解，而且他还好像对顾客人体所能承受多大的颠簸也有很好的判断。这就是：如果你能够用支付得起和可靠的方式往返于城乡之间，你就可以忍受住这种少许的颠簸。

汽车的基本结构是简单化的极致。既轻又结实，并且在起伏不平的道路上不会损坏。人们几乎可以想象这些制作出来的大梁，被铆接在一起，放在匹奎特工厂内小小的封闭空间里的架子上。这些横向叠加在一起的板簧是那么的可圈可点。对于T型车，“典雅”一词是与其不相干的，但毫无疑问，T型车的结构是解决结构问题的优雅的答案。

4

传动机构

“刚毅木讷，近仁。”

（孔子：《论语》）

“传动机构”一词早于汽车出现，可追溯到马拉交通工具和蒸汽机车时代。它涉及轮子、轮轴、框架以及其他所有不产生动力的零部件。

T 型车的传动机构与其同代的其他汽车不同，展现出了福特先生设计简单轻便汽车的能力。

前车轴连接在两端固定的横向板簧上，这可以防止车轴偏向一边，随着板簧的倾斜，它可以在一个较小的范围内上下移动和倾斜。这是一个简单有效的设计，但却超越一般人的想象，即所谓的软悬挂使颠簸变得平稳。它其实是“硬”悬挂，其优点是能够使力直接传递而不用经过或扭曲汽车上的其他部件。

车轴上向前或向后的推力由径向臂所承担。车轴上固定着逐渐变细的薄壁金属管，管的另一头一直延伸到位于油盘上的一个球状接头。球接头是一个放置在杯中的球体，它允许自由的扭曲、旋转并且只传递一个力。人类的大腿与骨盆就是通过

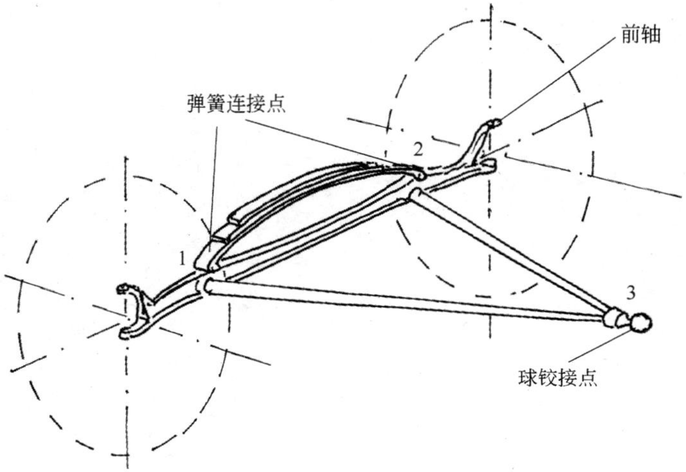

图3　T型车前轴布置

球接头相连的，因此你能前后摆动或分开双腿。福特车的径向型臂末端的球结构与人类大腿骨顶端的球形或称为股骨头非常相似，当然，它们的材料是不同的（许多人大腿骨上的股骨头已经换成了金属球以及塑料或者陶瓷接头了）。

这个轮轴连接背后的原理是福特多次使用过的，被称为“三点定位”原理。为了理解这一原理，可以想象一个三条腿的凳子。无论表面多么不平坦，三条腿都能落在地上并承担负荷。与之相比，一个四条腿的椅子，在光滑平坦的地面没有问题，但如果其中一条腿位于厚地毯的角部而其他三条腿不是，这些椅子腿就将承受不均等的重量，而椅子的框架就会受到扭曲力而遭到破坏。由于这个原因，餐厅里的椅子，无论造的多好，都会在孩子长大过程中有一些松动，而三条腿的凳子则能够供几代人使用而完好如初。T型车的前轴就如同三条腿的凳子，被两个板簧接点（图3中的点1和点2）和一个球接头

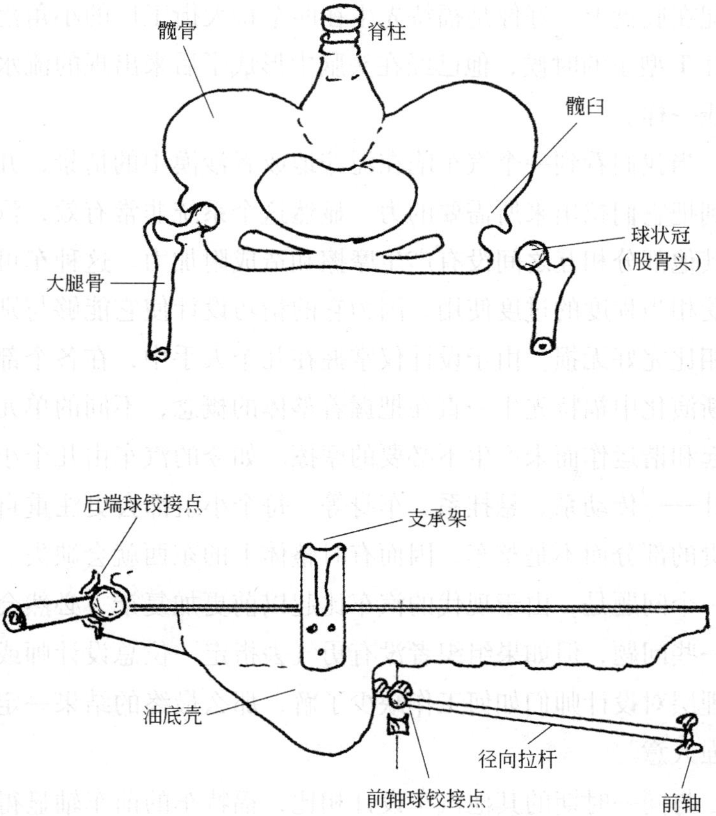

图4　前后轮轴的连接与人类骨骼的对比

（图3中的点3）固定。后轴也采用了相似的设计，其球接点位于传动箱，或者说油盘的末端。驱动后轮的驱动轴穿过这个球状接头，另外在径向杆上还有一个中央管件承担由后轴产生的反作用力。后轴结构也同样采用了三点悬挂——两个板簧固定和一个球接头。这一设计的目的也同样是为了简易、轻量同时又避免与汽车其他部件产生冲突。总装设计中还有一个额外的优点，即每个分装部件，例如前后轴，都能够用最少的螺栓装配在底盘上。好像是福特先生在匹奎特大街工厂的小角落里设计T型车的时候，他已经在头脑中形成了后来出现的流水组装线一样。

当我们看到一个汽车陷在泥泞地或者沙漠中的情景，并想象到把它们拉出来所需要的力，显然这个系统非常有效，汽车的其他部分相互之间没有产生摩擦和造成附加力。这种车可以承受相当程度的过度使用，因为它的精巧设计使它能够与别的车相比完好无损。由于设计仅掌握在几个人手中，在各个部件不断演化中福特先生一直在把握着整体的概念，不同的单元在一起和谐运作而未产生不必要的摩擦。如今的汽车由几个小组设计——传动系、悬挂系、车身等。每个小组都会更注重自己负责的部分而不是整车，因而有时整体上的东西就会缺失。自然一个问题是，由于现代的汽车比起以前更加复杂，必然会出现一些问题，但如果组织者没有勇气去指定一位总设计师或者管理层对设计师们如何工作缺少了解，那么最终的结果一定是差强人意。

与同一时期的其他汽车设计相比，福特车的前车轴显得单薄而不坚固。它看上去不够结实。据报道，福特先生考察了一些欧洲汽车的发动机零件，想知道它们为什么虽然轻便但又不易损坏。他得知这些零件是采用高强度钢并经过热处理后制成的，他决定福特T型车上的结构部件如轮轴也使用这种材料以减轻重量。这些钢材不仅要有足够的强度使车轴在剧烈的颠簸中不至于弯曲，还要能够承受恒定的振动不发生断裂，即后来被称为的“金属疲劳”。

用美国生产的简单的“普通低碳钢”来承受高应力是不可行的，有人建议福特先生去试试低合金钢。钢，由其定义，

其实就是在铁中加入少量的碳而得以强化。也常常加入其他元素以生产所谓的合金钢。在20世纪初的欧洲，含有少量的锰和铬的高强可锻合金钢已经被成功地开发出来。这些钢的强度能达到普通低碳钢的两倍，而关于它们的冶炼及热处理也已广为人知，尤其是在英国。当时的文献表明，美国的钢铁工业没有察觉到这一变革，令人难以置信。这可能是由于当时的汽车工业还没有对这些钢种提出需求，而钢铁公司也就不愿意为开发这些还没有需求的钢种进行冒险和投资。

英国冶金学家肯特·史密斯的故事已经广为流传，他来到美国旅行，可能是为了进行一次私下的尝试，看看是否能引起美国工业界对这些新钢种的兴趣。福特先生首先看到了这一需要，而且远不止于此，他克服困难，鼓励首先为肯特·史密斯制造出样品的位于俄亥俄州坎通的联合钢铁公司，让他们炼出了钢锭，使得N型车零件得以生产。这并不是一个简单的任务，和科学相比，钢铁制造更像是一门艺术，发明创造是伴随着高风险的。实验的结果非常成功，使用高强可锻钢来制造T型车的曲轴和轮轴可以减轻相当可观的重量。许多年后索伦森曾回忆起福特先生的评述："查理，这意味着需要全新的设计，我们可以用它去做更好、更轻、更便宜的汽车。"

在高强钢里，主要的强化元素是锰和铬，钒的添加还会有额外的好处。这是一个次要的合金元素，但是福特很注重该钢的价值而称其为"钒钢"。高强度的锻造合金钢的确可以在很大程度上减轻车辆的整体重量，但是为什么"钒"得此殊荣并不是很清楚。其他的合金元素对提高强度贡献更大，并且钒只添加少许。或许其原由是这个词听起来不错吧！

钒钢这个词开始广泛使用，1929年海伍德指出：

“钒钢——有时会直接使用仅添加钒的钒钢，但多数情况钒与铬混合添加。铬－钒钢含0.7%～1.4%的铬和0.14%～0.25%的钒。这一钢种拥有高的抗疲劳断裂能力，通常用于制造车辆的轴、弹簧和一些承受交变应力的零件。”

上面的“通常”这个词很有意思。海伍德是在T型车设计后的20年时写上述话的，而在那时候，钒钢的使用已经很广泛了。高强钢首先应用于N型车，并在T型车上发扬光大，这是美国汽车行业和钢铁冶金行业史上的一个里程碑。福特先生在1906年提出的概念在20世纪20年代变成了家喻户晓的事情。

5

发动机

罕见的必是奇迹。

（山缪·泰勒·考乐瑞居：
《库巴拉·罕》）

20 世纪头十年对于汽车工业是一个以大量试验为主的年代。各种不同的汽车在市场上销售，价格范围从 400 美元便可邮购的 Sears 牌的小轿车到 5000 美元以上的大轿车。到 1906 年，具有 15 马力的福特 N 型车，按索伦森的说法，其广告价格为 500 美元，是一款很实用的车辆，开始流行。它使用 4 缸发动机，和那个年代许多其他发动机一样，对于我们来讲看起来很奇怪。缸体成对铸造，用螺栓同曲轴箱相连。阀门机构在外部。虽然能看到杠杆上下跳动很有趣，但该机构需要经常上油，并且是裸露的。

作为对比，T 型车发动机刚设计出来时，对于 1907 年那时的人们来说看上去一定非常不寻常。二十年后，许多发动机都采用了相似的外观，整个世界都赶了上来。福特先生为 T 型车选择了四缸，对于一个四冲程发动机来说，这是达到合理平衡和均匀点火所需要的最少的缸数。缸体的数量是和 N 型车一样的，但是采用了全新的排列。必须说明的是，尽管这只是一个很小的创新，仅仅是聪明地采用已有的东西，但从设计角度上来看，惊奇在于没新奇，却找到了最适当的机构。考虑到当时发展的快速步伐，福特先生取得那么多的成就还是可圈可点的。

发动机的基本零件是一个连接到曲轴上的在缸体内上下运动的活塞。在第一冲程，活塞吸入空气与汽油的混合气，然后在第二冲程压缩，燃烧后热气推动活塞下行，驱动车轮。之后活塞排除气体，循环往复。这种发动机被称之为四冲程发动机，现在的大部分发动机都采用了同样的工作原理。

不幸的是，基于物理学法则，19 世纪早期法国工程师卡诺就指出，燃油中只有不到 1/4 的能量用于驱动车辆，其余的均以尾气和经冷却的发动机的热量的形式丧失了。活塞和缸座体有点像我们的心和肺。它们吸入空气和燃料，产生压力，然

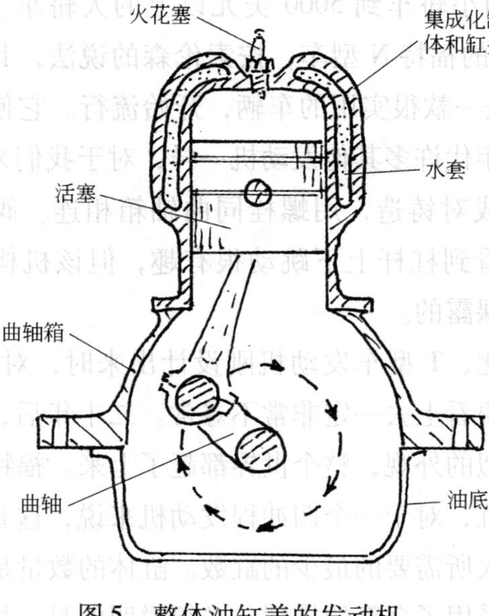

图 5　整体油缸盖的发动机

后在阀的控制下通过特别设计的通道排出尾气。缸座如同一大块具有气体通道的瑞士奶酪，有通道供冷却水循环。在早期的设计中，缸体的侧面和端部是一体的，加工起来非常复杂，特别是带有阀和阀座的缸体。

T 型车是第一个采用缸盖和缸座分体而且是大规模生产发动机的车型。这大大简化了加工制造过程。装配阀和活塞部位的机加工变得很容易，冷却水通道也可加工成更好的形状。缺点是在两个部件之间必须采用气密密封，需要好的垫片和精细的螺栓连接。

分体式缸盖的另一个突出优点是使得缸体的制造加工容易。虽然该方法的荣誉应放在福特先生的头上，但事实上该发动机这样出色还应归功于查尔斯·索伦森的技巧。他可能是 20 世纪最出色的铸造工人。而事实上他和福特先生共同工作是造就美国之伟大的诸多重大事件之一。特别是在少有先例的情况下，他完善了铸造缸座的技术。

铸件的外形通过铸模而得到，而铸模是将“湿型砂”压实在范模周围。移开范模，将金属浇注到两个半铸模形成的型腔里。如果需要在铸件上浇注内孔通道，如缸座，型芯需放进型腔里。型芯由砂和黏土混合而成，成型后烘烤使其坚固。在铸造过程中，砂芯受力很大。将一个皮球放进水里并压在水面下，你就能体验到强大的浮力。同理，当砂芯被熔融金属包围时也会产生很大的浮力，更不要说金属的密度比水大 7 倍，浮力也大 7 倍。窍门在于：使得砂芯坚固足以耐受液态金属的浮力，但在金属凝固后又容易弄碎倒出。布置砂芯的位置需要很高技艺，以使铸件具有均匀一致的厚度，并且保证气体和水流动的通道精确成型。要想正确放置一体式缸盖的砂芯是很困难

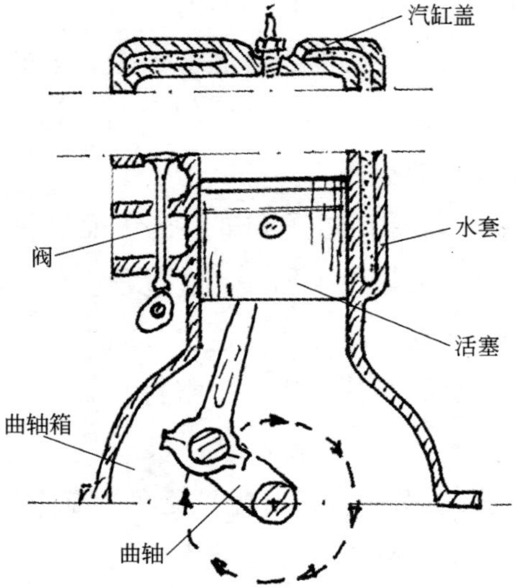

图6　具有分体式缸盖的T型车发动机

的，而分体缸盖的设计避免了许多问题。因此，不会感到惊奇，现在已普遍地采用分体式缸盖，而人们常常会忘记这是福特先生和查尔斯·索伦森为此所作的贡献。

有关T型车发动机冷却水循环系统还有一个有趣的故事。当发动机被设计出来时，水泵几乎一直被用于汽车发动机上，驱使冷却水环绕缸体和通过散热器循环。最初的几千台T型车上的发动机也有这样的泵。由于总出问题，所以后来决定不要这东西。人们发现采用分体式缸盖设计时，水通道非常好，发动机可以通过“自然循环”冷却而不需要水泵。

其原理是：水在冷却发动机时变热，由于密度变小，就上升到散热器的上部，通过散热器的空气冷却了水，这又使得水密度升高，因此又沉到底部并再次进入缸座中。实际上，所有其他不采用分体式缸盖的设计都有弯弯曲曲的水通道，从而需要水泵。

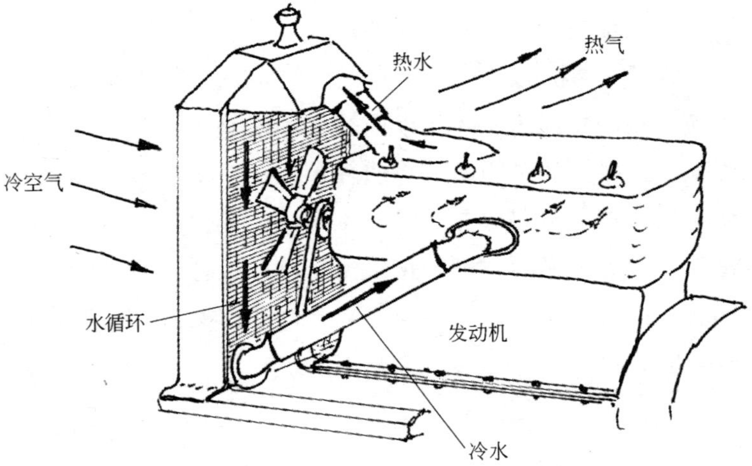

图7　冷却水的自然循环

这又是一个优秀设计减少零件数量和复杂程度的例子。然而T型车发动机运行时是很热的，散热器中的水蒸发很快，驾驶员需要经常查看水槽给发动机加水（今天我们已忘记了当年水槽很常见，因为马是在街上或公路上干活，需要喝水）。

T型车冷却系统很简单。但是它还是没有曾在中国流行的一种发动机那样简单。这种发动机驱动一款非常简单的三轮车，当然同时也是非常危险的一款车。它的组成包括架在两个轮子上的一块平货架，在其前部连接着单个前轮和发动机的联合体。驾驶员坐在货架上通过扭动前轮和发动机绕其支点转动操作车辆，就如同一个小孩在骑三轮车。发动机有一个缸，置在一个充满水顶部开着的护套里。缸将水加热，水蒸发掉，所以总需要不断地补充水。整个装置就像一个移动的茶壶。曾经有一段时间，这种车辆遍布全中国。福特先生如果看到这种既经济又实用的机器应该会很开心的吧！但是由于不太安全，它们现在已经被更为便捷的卡车所取代。

T型车发动机的另一个特点是：缸盖从缸体上分离，但曲轴箱与缸座却集成为一体。以前的发动机是将单独铸造好的缸体用螺栓连接到曲轴箱上。将曲轴箱和缸座集合成一体意味着发动机的旋转部分被装配在一个铸件里。活塞、连杆、曲轴、凸轮轴和阀等都必须精确调正，而T型车设计是非常适合之后出现的大批量生产的技术。与之同时代的作家V. W. 裴吉列举了一些优点：

> 当前，一种值得注意的结构方法……是一个四缸发动机，其中四个缸和曲轴箱的上半部铸造为一体，但采用分体式的铸造缸盖……这种结构的优点是如果需要检查活塞和阀门时，不用像其他流行形式的缸体铸件那样拆卸整个发动机。

T型车发动机的设计者们不仅是他们本身技艺的大师，而且懂得这些零件如何被加工和装配。遗憾的是，大部分这类知识和经验的集成如今都丢失了，很难能发现设计者们具有全面的材料、设计和制造的背景知识。也许我们需要圣经上的名言：“不要说‘为何过去的时光比如今更美好？’问这样的问题是不明智的”（旧约—传道书，第7章第10节）。

当活塞、曲轴、阀和缸盖都被连接到缸座上时，除了装润滑油的零件外，基本就是一个完整的发动机了。在其他的车辆上，是通过连接到曲轴箱的一个油盘或机油箱来实现的。另一个需考虑的是如何将发动机安装到底盘上。几乎所有其他的轿车均采用四根从曲轴箱伸出的臂杆，用螺栓拧到车架上。这种设计一定会带来某些问题，因为许多车在发动机和底盘之间还有一个副车架。这种将发动机通过四点连接的布置起源于：汽车发动机是由驱动泵和农业机械的固定发动机发展而来的。在农场，它们被螺栓固接到大石头或水泥块或是大木块上。

当用螺栓连接发动机到汽车底盘上出现问题时，一些设计师就认为发动机产生的力是造成问题的原因，其实不是。曲轴箱照例是一个不易扭曲的刚性金属件，它通过四点连接到柔性的、在颠簸的路面上会扭曲的车架上。将刚性件和柔性件连接在一起从工程结构上是不妥当的，会带来额外的应力。为了解决这个问题，福特先生提出了全新的理念。在T型车上，解决方案的关键之处是一大块钣金冲压件，几乎像一个小的浴缸，通常被称为变速箱箱座，虽然它远大于变速箱。这个箱座由适当厚的金属板材制成，它的前端伸到车的前部，装配在前弹簧的上部。在后部变宽包裹着飞轮构成变速箱的下半壳体。在尾部，它的形状为球面，用于与后轴总成的连接。这个箱体或油池用于容纳发动机和变速箱的油。靠近箱体的最宽处，两侧有支座铆接到底盘上。

T型车的解决方案效果非常显著。它取代了将油底壳作为独立零件的想法，而是将多项功能集合于这一钣金冲压件同时用于装油。最重要的功能是支撑发动机并把它固定在底盘上。再一次地用到了三腿板凳的原理：两个托架（图8中的1、2）连接它到底盘纵梁上，前部空枢（图8中3）用螺栓固定在横梁中部，直接将重量传递到前簧中心。

发动机缸座用螺栓连接到这一底座上，当变速箱或齿轮箱安装在发动机飞轮上时，输出轴所需要的支撑由在后部的球形

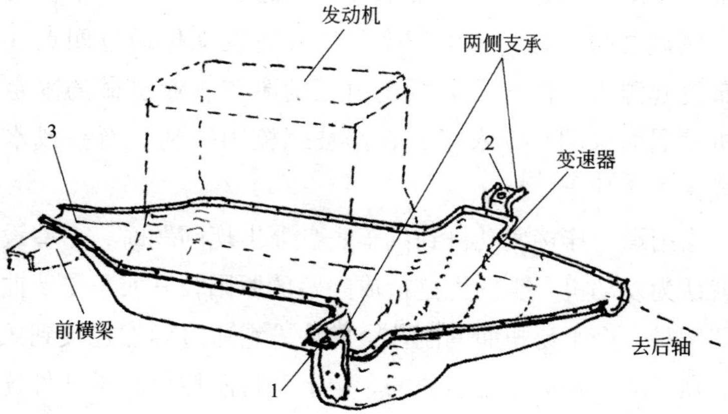

图 8　油底壳和变速箱箱体为车辆的中央结构件

铰链提供。位于前轴桥和后轴的球接头装配在该冲压件上，因而来自轮子和轴的力被传递到单一的强壮的油底壳上。从结构设计上保证了无论车轴或底盘发生怎样的扭曲变形，都不会有内力作用在油底壳上。这个单一金属件作用很大，而且非常适合于大规模生产。每分钟 20 冲程的大型冲压机不分昼夜的工作的话，可以生产出惊人数量的这类产品。曾提到过这个油底壳是轿车的关键结构件，从多个角度来看如同人的骨盆一样。没有人能够设计出如人的骨骼一样出色的结构来，但在人类创造的杰作中，这一冲压件却极为出色。

我们也许不知道这个设计理念从何而来，福特先生一定是充分考虑了很多基本问题，也许和其他核心人物一同工作，分享他们的想法，自然而然地产生出了这个设想。查尔斯·索伦森讲述了一个有关找到能冲压出这个零件的人的有趣故事。在布法罗有一家叫做约翰·R·金钣金厂的做电话机座的工厂，那时的电话机座非常重，独立式的，有点像床头灯。底座由金属板冲压而成。其经理威廉·H·史密斯注意到虽然这种零件相对于典型的汽车后桥座非常小，但它们的形状相似。他请求福特先生让他试一试能否用同样的方法压出后桥壳。福特先生被说服了，而且随着工作的进展，他们意识到可以通过用冲压钣金件替代铸件来节约成本和减轻重量。他们同时也意识到T型车的组合式变速箱箱体和油底壳也可以采用这种方式制造。采用钣金冲压件是这样的成功，以至福特收购了该公司，这是美国汽车制造业以金属板冲压成型为特征的开端，之后传遍了全世界。

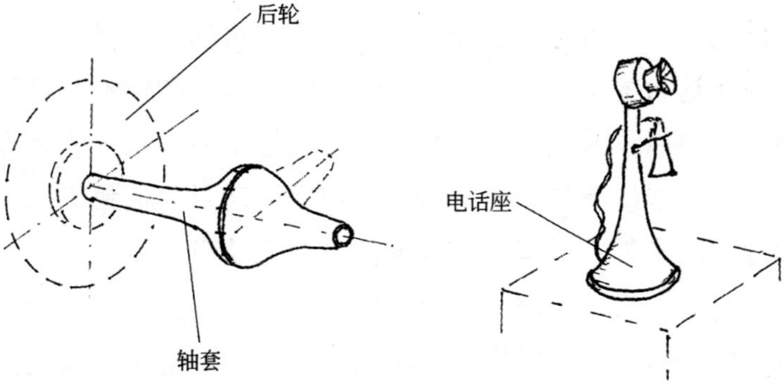

图9　后桥壳（左）和与之相似的同时代的电话机座

金属板冲压所需要的模具是昂贵的，远高于铸造用的范模。冲压一个简单的车门时需要三个或更多的冲压机排成线，每一台冲压机上配有一套价格不菲的模具且只能完成一部分的成型。显然，每件冲压件的模具成本依赖于冲压的件数。福特先生是第一位看到这一点的，即使模具成本10000美元，但对于冲压1百万件产品来讲成本就很低了。人们不得不佩服福特先生在规划T型车的成功时的勇气，并且这一成功甚至超出了福特先生的期待。

T型车变速箱箱体的许多功能充分显示了设计小组的技能。设计结构简单化被广泛模仿。今天，许多车辆的发动机和变速箱都作为一个整装部件采用三点安装，但业界掌握这项技术用了不短的时间。一些和T型车同时代的车辆对如何安装好发动机理解不深，最差的例子是未经思考即建议将固定式农用发动机和一组轮子直接连接在一起。

T型车发动机相当大，大约有3升的容量，额定功率20马力。归功于设计原因，整车重量很小，大约只有1200磅（约半吨）。这在当时是很大的进步，使得车辆可以应对乡村泥泞的道路或雨雪。可是，这种路况对于发动机的吸、排气是个挑战。对于这种容量的发动机，发动机吸入空气和燃料并排气的通道尺寸，以及排气管的尺寸都比人们想象的这么大容量发动机的要小得多。流体动力学告诉我们，流动阻力依赖于通道面积和速率的平方，即如果流速翻倍，则流动阻力变为4倍。因此，随着发动机转速增加，发动机开始喘动，有点像马的气管里有异物一样。它只能慢慢地增加驱动力，但是短距离疾驶后就会喘气。这个特点应该是T型车故意设计的，以确保不因高速而带来过度磨损。该车被设计为适应恶劣环境的一匹好马，而不是一只体型秀美的赛马。

还有有关T型车的其他细节也展示了设计者明确的设计目的和所达到的经济性。我们应该记住当时的工作环境，一小撮在专业领域极为出色的人，和一个坐在摇椅中的人，观看着，督促着并思考着所有的问题！正如福特先生的名言：

> 思考是人类已知的最难做的事，因而它是如此少见。

查尔斯·伊米尔·索伦森 Charles Emil Sorensen（1881～1968年）

查尔斯·伊米尔·索伦森生于丹麦的哥本哈根，4岁时到美国。他的父亲是位翻砂工，后来成为宾夕法尼亚伊利的一家炉业公司的主管助理。查理，人们这么称呼他，在15岁时进入制模车间做学徒，而且肯定是显露出超强的能力，3年后成为该车间的领班。他是一位身手敏捷且有实力的自行车手，使他同一些早期的自行车赛冠军有所来往，那些人后来成为第一批汽车赛赛车手。正是通过他们中的某一位，在1902年他被介绍给福特先生，福特先生那时正想找个人把自己的想法转换成木模型。这就是一个漫长而硕果累累的合作的开端。

即便是索伦森个性强硬且据说是“火爆”脾气，但他外貌英俊，很吸引人。他自始至终都是福特家族的好朋友，而且一直远离其家族矛盾，这是那种大公司家族里常有的事。同其他在机械加工工艺方面具有天赋的人一样，他在此方面是个难得的天才，他为人谦虚，时常称赞他人。因此，他对美国工业的贡献以及对美国国防的巨大贡献并未彰显为人们所熟知。在他的第一份作为翻砂工的职业中，他对模具形状和功能的理解非常到位，以至于在汽车发动机领域，所有人都追随他。T型车发动机铸件即便今天看来都不落伍，直到1932年首次大批量生产V8发动机时，福特发动机的外形才有所改变，即使此时索伦森也曾受命解决该发动机铸造时的困难。一个铸造工人兼翻砂工能靠他的铸件引领潮流不是虚构的，索伦森是出类拔萃的。

第二次世界大战期间。索伦森和爱德索·福特，亨利的独子，创立了威罗伦工厂，生产看上去像汽车的四引擎轰炸机。

到1944年该厂每小时可生产一架飞机，在三年的时间里一共生产了8000多架B-24s轰炸机。

索伦森非常了解福特先生，对彼此的合作关系也进行过热情和明智的描述。福特先生或许同他和同其他人有同样的密切关系。他也许是被索伦森具有的自己所不具备的亲和力所吸引，但他也看到了索伦森在把他本人的想法转变为实物模型，设计出外形美观且符合他本人意愿的模型所具有的天赋，而这些是只有天才设计家才能赏识体会的。艺术界里有作家和评论家来帮助人们了解画家、作曲家和诗人；遗憾的是，工程领域缺少自己的作者和传译者。如果有的话，福特先生和“铸铁”查尔斯·索伦森的合作关系应该是最著名的之一了。

照片1　底特律的匹奎特工厂，门前的是N型车（摄于1906年）

照片2　坐在自己1896年制造的四轮车上的福特先生
（摄于1913年）

照片3　查尔斯·E·索伦森，他对福特T型车的
成功的贡献有目共睹

照片4　在福特永磁发电机组装线上的工人们
（摄于1914年）

源于：C. E. 索伦森，我与福特的四十年。W. W. Norton，New York，1956；

李察德·巴克，亨利与爱德索。Wiley，New Jersey，2003。

6

变速器

…他们将如何支配这个巨大的构架，如何建造、拆散、谋划。为了节省表面，如何用同心圆和偏心圆束缚星球，天圈和周转圈，圈中的圈。

（约翰·弥尔顿：《失乐的天堂》）

亨利·福特在T型车上使用行星齿轮箱时并没有想到过失乐的天堂，但他确实用这一装置“束缚了星球”。福特在T型车上采用的机械原理在当时是广为人知的，而其他几种也采用行星传动的车型却并不流行。从机械学观点来看，这个变速器设计精良，而从表现上看，它却过于粗犷，仅能为车提供两个速度——“高速”和“低速”。如果现在你选择手动的而不是自动变速车，就会有多达5个速度，福特先生将其瘦身到骨，仅有两个。为了理解上下文的意思，我们需要先了解一下变速器或者说齿轮箱的基本需求。

最早使用发动机来驱动机械是在蒸汽时代。如果你有幸出生在蒸汽机车的时代，你可能会记得你被父亲带去观看发动机或蒸汽机车拉动火车离开车站。机车的汽缸里的活塞通过巨大钢铁零件直接连接到车轮上，司机打开阀门，车轮就转动。

汽油发动机与蒸汽发动机不同，它在停止的时候不产生能量，因此需要在不与负载连接的时候启动，再通过“离合器”

图10　蒸汽机车驱动

逐渐地将动力供给到负载上。一般来说是一种摩擦装置，在启动时滑动，慢慢地咬合。作为汽车的发动机，我们还需要能够改变发动机的速度与车轮速度之间的比率。为了爬坡或者加速，发动机必须更快地运转以提供更大的动力，而轮子相对较慢；在平地上，就需要车轮与发动机的速度比率更大。因此，所有机动车的变速器都需要这些部件：离合器以及速度转换器。

最初的汽车只是使用了已有的用于驱动机器或“负荷”的固定式发动机。在农场里，负荷可能是脱粒机，水泵或者草料机。

将发动机与负荷相连接的最方便的方法是使用皮带。如果负荷必须要慢速运转，就在发动机上用小皮带轮，而在负载上用较大的皮带轮。除非是蒸汽发动机，发动机都必须在加载之前就启动，因此皮带应可以在发动机启动时滑动，并且逐渐张紧以输送动力。福特先生在 1896 年设计四轮车时就使用了这一原理，发动机驱动两个不同直径的皮带轮，另一个轴上也有两个皮带轮与车轮相连。发动机在启动时，皮带滑动，张紧轮使低速皮带张紧从而使车辆启动。用一根操作杆来完成这一工作，当车辆达到一定的速度后，用操作杆松开这个张紧轮并推动另一个，使得高速皮带张紧。这是一个绝佳的系统，并且几乎与所有第一代汽油动力汽车一样，无论是美国生产的还是欧洲生产的。

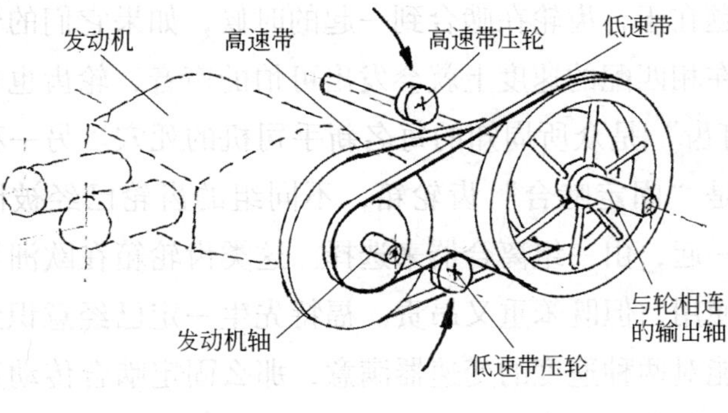

图 11　四轮车的传动系统

在农场长大的人都知道，传递一点动力就需要大量的皮带，而且皮带容易拉长、磨损以及从皮带轮上滑脱。随着汽车工业的进步，就需要更好的变速器。如果能设计合理，齿轮可以有效地传递动力，而且使用不同齿数的齿轮能获得不同的速度。在那个时代，问题是如何在车辆行进中改变齿轮的比率。其解决的方案不是很好，是通过松开一对齿轮而使另一对齿轮进入啮合，这在技术上被称为“滑动啮合”齿轮箱。

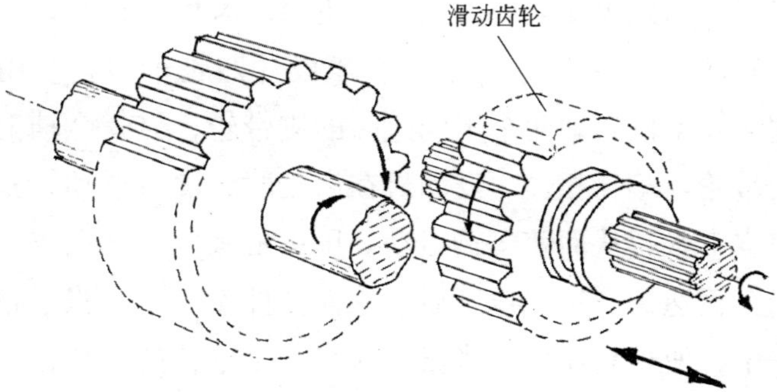

图12　滑动啮合齿轮

问题在于，齿轮在啮合到一起的时候，如果它们的轮齿并没有处在相匹配的速度上就会发出可怕的声音，轮齿也可能损坏。“打齿”是众所周知的每名新手司机的死穴。另一种不同的做法是“固定啮合”齿轮箱，不同组的齿轮已经被固定地啮合在一起，由一组离合器来选择。这类齿轮箱在欧洲当时已投入了使用，但既笨重又昂贵。福特先生一定已经意识到，既然人们能对两种速度的变速器满意，那么固定啮合传动这一廉价又便于操作的方式也是可行的，而这个深思熟虑的选择也被证明在当时是正确的。

如果让一个现代司机开T型车，其经验会使其担忧。他会发现低齿太低，而高齿又太高，在不同速度之间的切换令人窒息。或许我们已经退化了，但这也说明汽车设计究竟取得了多大进展，而这也丝毫没有降低对经典设计的肯定。事实上，对一个从未开过车的人来说，学习驾驶T型车一定会比学习驾驶其他采用滑动变速齿轮箱的竞争者的车更加容易。

许多人都知道T型车采用的是行星齿轮。外摆线是一个圆在另一个圆上滚动产生的几何曲线。如今的学生已经不再学习经典几何，这很遗憾，因为它充斥着美妙的想法和漂亮的曲线，它们的名字可以追溯到远古时代："渐开线"、"双曲线"，还有"摆线"以及它的家族"外摆线"和"内摆线"。或许"Epicylic"这个词用来表示齿轮箱并不很确切，"行星变速器"才是更好的表达方式。按A. L. 戴克的说法，"它被称为行星变速器，是因为人们可以通过想象发现三个齿轮围绕中心轮轴的运转关系就和行星与太阳的关系一样。"

这个齿轮系统包含三个部分：一个中央"太阳"齿轮，一组（常见的是三个）望文生义的"行星"齿轮，还有一个最外圈的"环"齿轮。通过控制哪个齿轮作为输入，哪个齿轮固定不动，哪个齿轮作为输出可以获得不同的速度比率。最为美妙的是，所有的齿轮都啮合在一起，也就避免了"打齿"的问题。

福特先生没有采用完整的行星传动系统，但他的传动系统有三个太阳齿轮和三组行星齿轮（总共九个行星齿轮），每一簇行星齿轮铆接在一起并且绕飞轮上的销轴转动，而没有外圈环齿轮。在福特的行星传动系统中，有一件被固定地连接在发动机上，而有另外一件则固定在后驱动轴上与后车轴相连，在它们之间是各种齿轮，这些齿轮之间是固定啮合的。如果它们能自由旋转，就不会传递任何驱动力，这辆汽车也就处在空挡状态。当选择一个速度时，其中一个齿轮被卡紧。作法是将这个齿轮连接到一个鼓上，绕着鼓的是一圈摩擦带，当它被张紧时，这一特殊齿轮变为固定，就得到了所需的速度。一共有两个这种鼓，一个提供低速，另一个用于倒车。

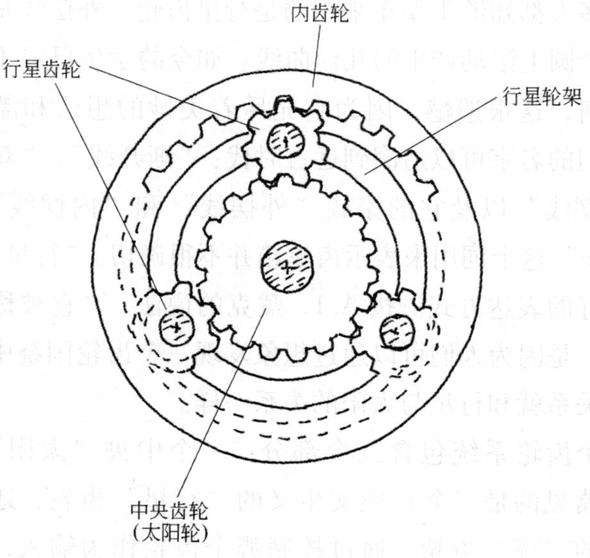

图 13　行星齿轮系列

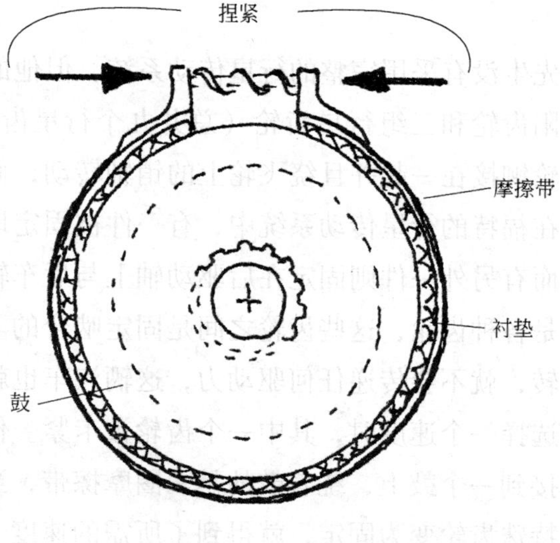

图 14　传动鼓和摩擦带

即使人们看到所有的零件，也有点难以理解齿轮箱是如何运转的，但其原理是清晰的。试想一下你有一个重物要在地面上滑动。如果你用一根木棍做杠杆，一端放在一个固定的支点上，重物处在你的胳膊和支点之间，那么施加在重物上的力就会被放大，而重物的移动速度会比你的手要慢。这与发动机启动时的低速状态相类似，重物就是后轮，而支点就是被抱紧的鼓上的特殊齿轮。如果你换一下，让支点处在你的手和重物之间，那么重物就会被移向相反的方向，这就好比是倒车。齿轮的比率就取决于支点到重物以及支点到你手的相对距离。

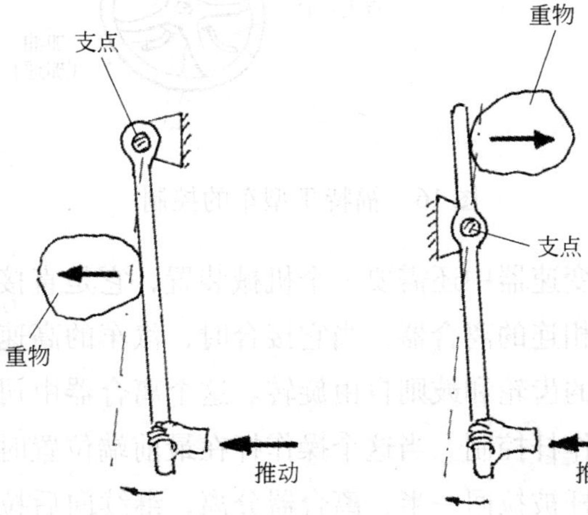

图 15　使用杠杆和支点向前或向后移动重物

缠绕鼓的每条摩擦带都连接到司机前面的一个脚踏板。左侧的管低速，踏下它汽车就会换到低速齿轮，并且你需要把脚一直放在踏板上以保持低速状态（在一个长坡上你的脚可能会觉得有些发热）。中间的踏板用于张紧倒车系统的摩擦带，而右侧的踏板是刹车板。

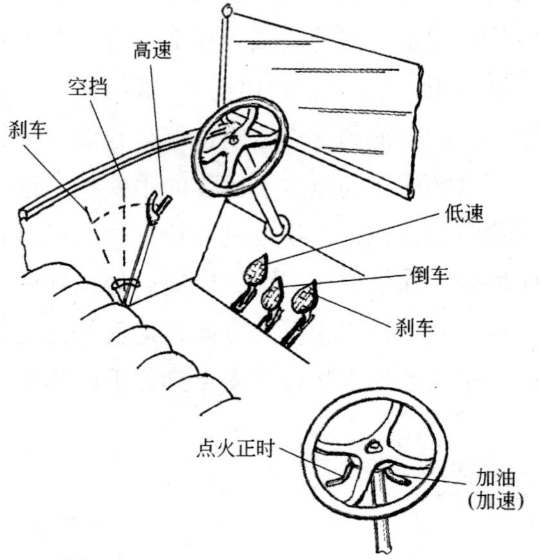

图16　福特T型车的控制

在这个变速器中还需要一个机械装置，它是直接将发动机与后驱动轴相连的离合器，当它接合时，汽车的高速齿轮系统啮合，其他的齿轮和鼓则自由旋转。这个离合器由司机通过外侧的手刹操作杆控制。当这个操作杆在最前端位置时，离合器接合；操作杆被拉回一半，离合器分离，继续向后拉则刹紧后轮。显然这一离合器在使用低速挡或者倒车挡时不应该接合，因为它们的齿轮会打架。为了避免这种情况，低速挡的脚踏板被设计为半踏下时释放离合器。T型车的司机会发现用这种方式换挡是很容易的，只有现代的司机才会总要把离合器踏板一直踩下来换挡。不同点，但也是很重要的一点，是在T型车上如果你一直踩下低速踏板你就会以低速挡前进，如果把脚抬起来，则是高速挡。如果你想控制好车，就要牢记住这一点。T

型车确有无意地向前或向后移动的习惯。在农场里，你会懂得不要站在马的后面或者山羊前面，而面对一辆 T 型车，侧面是唯一安全的地方！

T 型车地板上的第三个踏板控制着脚刹，这是个相当重要的装置并会在下文中描述。由于 T 型车的控制与现代汽车迥然不同，驾驶它无疑是一种挑战。除了地上的三个踏板和手刹杆以外，在方向盘上还有两个控制杆。一个是油杆，控制节气阀（化油器），起着与现代汽车地板上的油门相同的作用；另一个则用于校正点火器时间。现在的点火器正时都是自动控制的，但早年则需要在低速和启动时延迟点火时间。要把汽车开动，你需要把手刹向后拉到一半挂在空挡位置，踩下低速踏板使车在低速挡前进，同时还要通过方向盘上的节气阀给发动机一点汽油。在低速挡时发动机在每分钟 1000 转时的车速大约是每小时 9 英里。

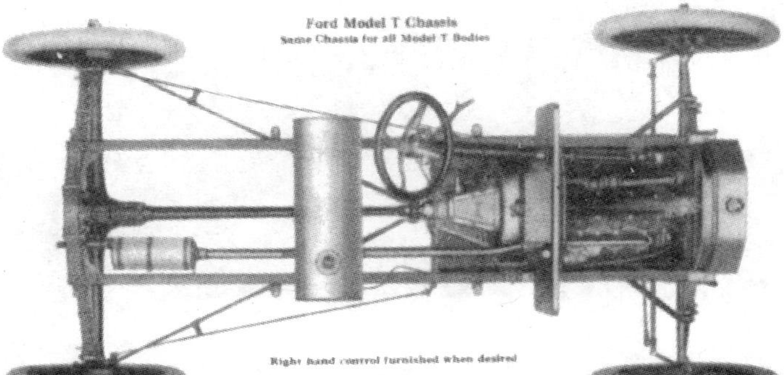

照片 5　福特 T 型车的底盘

（福特广告册，1912 年）

然后，把手刹杆推到最前面，把脚从低速踏板移开使用高速齿轮，这样每分钟 1000 转就能达到 25 英里的时速。由于两

照片6　福特T型车的发动机

照片7　福特T型车前门轿车，它的前车门可以被拆卸
（福特广告册，1912年）

挡之间速度的变化非常大，司机们学会了在切换的时候调节节气阀。如果发动机在试图提速时“打颤”，就需要用另一只手调节点火杠杆直到发动机转得更快（要时刻记住用双手把握方

照片 8　福特 T 型车商用双人敞篷车

（福特广告册，1912 年）

向盘来驾驶汽车！）。显然你的双手双脚都有很多事要做，甚至有时你需要再增加一只手来按喇叭以警告在前面的人闪开。或许在骑马和马车的时代，人们更善于使用他们的双手轻松地操纵缰绳，使用皮鞭和刹车杆。福特先生了解关于马拉作为交通工具的一切以及在农场生活的需要，他也一定理解人们怎样才能接受机动车。历史证明，他们把 T 型车开得很好。

要停车，你需要把手刹杆向后拉到一半以释放离合器，然后踩下脚刹。要倒车，你需要把中间的（倒车）踏板踩下去，由于在发动机转速为每分钟 1000 转时的车速是每小时 6 英里，因此这车在爬陡坡时倒车比正车时还容易。很幸运，由于油箱位于座位下面，汽油在重力作用下进入化油器。如果坡太陡，汽车面朝坡上时燃料就不能抵达发动机，车就会停下来。T 型车的驾驶员学会了通过倒车爬上非常陡的坡不仅仅是为了用低速的齿轮，而是要保证汽油到达化油器。有个故事说这一切都是经过精心设计的，因为在前进中上太陡的坡，底盘中的机油可能无法抵达发动机前部的轴承而导致融化。而向后倒车则避免了这些危险，不过这究竟是一个聪明的手段还是个幸运的意外，我们就无从得知了。

脚刹踏板也控制着一个鼓上的摩擦带，与低速及倒车鼓十分相似。该鼓固结在后驱动轴上，因而它的转速比后轮的快3倍。按当年的标准，它是非常强捍的。在物理学中我们学过“功率”是单位时间内做的功，大家都对“马力”这一单位很熟悉。而更科学的用法是用“瓦特”作为标准的单位，但老一些的工程师不时会按照“英尺磅力每秒”的方法计算功率，如果他们记忆力不错，就会知道多少“英尺磅力每秒”是1马力。当时，“磅”是力的单位，而“英尺每秒”是速度的度量，因此“功率”也可以看作是力乘以速度。

用“功率”代表力和时间是很有趣的。喷气机的发动机是超大功率的，但在平飞时并不需要太大拖动力穿越云层，这个力使机身高速运动，因此也就需要极大的功率。拉动火车的机车也有一个十分强力的发动机，它发出大得多的力来拉动火车，却用和喷气机同样的功率，因为它的速度小。在T型车设计的时代，教科书中使用各种各样奇怪的单位诸如“英尺磅力每秒”之类，它们都源于实践经验。现在的学生学习物理和力学使用的是更完善的单位系统，避免了过去所有的令人混淆的单位，如“重力的”、“绝对单位”之类的单位，他们可以更容易地通过计算得到正确的答案，除非小数点点错了地方。在学生做练习时，多一个10或100的系数似乎并不太糟，但在现实世界里就可能是一场灾难。学生们在小数点上会犯下这种警示性错误的原因是他们对这些单位完全没有感觉，也不了解它们所代表的量级。很多旧的单位来源于相熟的用场，“磅力”是举起1磅东西需要的力，如果你曾拿起过1磅黄油，你就知道这1磅力是多大，你会知道你能用一根手指施加出“1磅力”，而“100磅力”则需要使用两只胳膊。如果要求现在的学生用一个标准的力来推你的手，用现在的系统来说叫做“牛顿”，那么你会看到学生一脸茫然，或者更糟。

装在驱动轴上的刹车被称为“变速器”或“卡丹轴”刹车，在T型车设计的时候这并不稀奇。它的一些缺点被福特先生聪明地解决了。他对现代单位一无所知，但他显然知道，在一个快速旋转的轴上的刹车应当是多么强劲。他还清楚功率不仅仅是力乘以速度，而且是做功的速率，并且当刹车时这些功要转化为热，功率也就是热产生的速率。这样的刹车时常会过热或烧毁零件，但把它放在变速器箱内位于倒车和低速圆筒旁边，福特先生就确保了它会被发动机中的油淹没和冷却。飞轮和附着在它上面的磁铁有效地使油循环，从而使刹车得到很好的冷却。再一次地，又是一个通过对基本原理的理解作出的优秀设计。曾经谈到过，早期的司机知道，在下长坡时不能一直踩刹车，而应使用低速以及用发动机进行刹车，以避免刹车带磨损。T型车的设计上很少的几个基本改动之一是增加了刹车鼓和刹车带的宽度。在头十年生产的车中，刹车带的宽度是和倒车带和低速带的宽度一样的，但随后就做成了比其他张紧带宽一半，这或许是因为在早期的设计中磨损太大，也可能是因为随着交通的发展，司机使用刹车更为频繁了。

随着时间的流逝自然法则从未改变，也告诫司机们应牢牢记住有关基本汽车刹车距离的拇指定律，这个定律在近一个世纪前的家庭词典中都已经给出了。如果人们对它真的认真了，许多交通事故就可以避免了（要记住，自然的法则是无法打破的，即便你努力尝试，它们也不可能被国会法案所废除）。下面框中给出的是数学公式。重要的是在像 T 型车这种仅刹两轮的汽车上，提高 50% 的速度，从每小时 30 英里提高到每小时 42 英里，停车距离就会从 90 英尺提高到 203 英尺，超过了一倍。不论工程师改进刹车多么好或提高轮胎的附着力，停车距离仍会以速度的平方增加。将速度提高 2 倍，停车距离将增加 4 倍。

刹车距离

在干燥的路面上一辆双轮制动汽车的刹车距离是：

$$D = \frac{v^2}{10}(\text{英尺})$$

而一辆四轮制动汽车的刹车距离是：

$$D = 0.6\frac{v^2}{10}(\text{英尺})$$

上述 v 是速度，每小时英里。在等式中速度 v 是平方的，就像有时候说的，“按平方关系增加”。工程师更注意方程中变量的指数；如果是 2，他们会很注意，如果是 3，他们会更注意，任何高次方都需要额外的关注。

计算实例：

速度 v/英里每小时	刹车距离/英尺	
	双轮刹车	四轮刹车
30	90	54
45	203	122

来源：The King's English Dictionary，大不列颠图书，伦敦，1920 年。

T 型车变速器和操作应当是最为新手司机看中的。1912 年，很有影响力的作家 V. W. 裴吉提出以下很客观的评论：

> 福特车是中等价位的汽车里最流行的，现在在路上的 T 型车已经超过 100000 辆。该车的操作系统极为简单而且不同于任何其他汽车。齿轮组……提供了两个前进速度和一个倒车挡。传统形式的方向盘用来操控汽车行驶的方向，火花和油门杆安装在方向盘下方的杆上，用来控制发动机的速度。为了得到不同的速度比率，因此操作系统也不同。……
>
> 合理设计及安装的行星变速器非常成功，它主要的缺点是很难获得比两个前进速度一个后退速度更多的挡位。由于这个原因，它仅仅在发动机动力有充余的轻型车上使用，或者是那种不需要提供像旅行车一样那么多的速度比率的重型卡车上。

现代的卡车司机不会同意这个观点。如果你听到一辆大卡车从交通灯那启动，你会听到司机在达到全速之前换了 6～8 次的挡。

因为发现 T 型车还有别的不足，配件制造商还提供了其他的选择：双速后轴。这使得齿轮数量翻了一倍。很多留存下来的 T 型车就有这个轴，而且它确实使驾驶变得更容易了。

毫无疑问在 T 型车变速器的设计中，有许多的闪烁智慧之处，但这是司机或者普通观察家看不出来的。在许多同期的汽车中，齿轮箱和发动机是分开的，这就需要大量的轴和联轴器。在 T 型车中，齿轮和离合器被安装在飞轮上，输出轴直接和后轴通过一个万向联轴节连接起来。发动机和齿轮箱被装配为一个调配得很好的单元中，和其他设计相比，所需零件很少且重量也变轻了。在飞轮上装配行星齿轮簇意味着飞轮更轻。用这种方式设计变速器的极大优势体现在，晚些时候当福特使用流水组装线时，所有的零件将会被简单地安装在一起。此处又一次地是制造技术的成功，而福特由于其原始的设计而闻名遐迩。

变速器和发动机共享同一冷却油和润滑油，而且不同于其他车，最有效的刹车——脚刹也用这种油冷却。但存在一个问题：如果摩擦带的衬里老化了，并开始破碎，这些小碎片会浮在油中。配件制造商迅速做出反应，开始提供一种筛网来筛除这些小碎片，但它没有现代的滤清器有效。一个和T型车有关的、与现代自动变速器相似的非凡的东西在19世纪40年代开始出现。他们用液力耦合器取代离合器，但同时拥有和T型车非常相似的行星齿轮系和摩擦带。如果广义来看，我们甚至可以说T型车离合器已经具备了某些现代“液力驱动”的特征了。

离合器上有许多浸在公共油池里的薄金属片。在工作时，金属片并不真正地相互接触，它们被一层薄薄的油膜隔开，由油膜传递转矩。我们一般认为油是为了滑动，不是为了传递力，但是摩擦学和流体力学法则告诉我们，力的传送取决于油的黏度、表面面积、油膜的厚度（或者更直接的说是“薄度”）以及表面之间的相对速度。离合器有充足的面积得益于众多的薄片，油膜非常薄，并且在啮合开始时相对速度很大，以至于其力大到足以使车启动。当相对速度减小时，油从面板之间被挤出来，而在它们接触时，仅存在微小的滑动，几乎没有磨损（同样的原理也被用在坦克和履带式拖拉机的离合器上，它们的转向是通过将动力传到履带一边或另一边实现的，这些离合器传递相当大的转矩但未磨损）。

如果我们在 T 型车上装上一个双速的后轴，可以说我们拥有了一个现代变速器的全部的要素，除了“自动化”的动作之外；我们的脚、手和大脑必须提供这一动作，但如同骑自行车一样，通过练习它就变成自然而然的了（同时学习这两者的阶段会有点可怕）。这种车以能够轻松地通过用正倒车转换来绕过小弯而闻名遐迩。这吸引了新手司机，尤其是一个骑惯了马的新手司机。总而言之，它只有两个速度。就像三条腿的狗一样；你也许会赞美它能够多么好地掌握平衡，但是四条腿还是要更好些。这不是说福特先生错了。其他的设计师在 1906 ~ 1908 年使用滑动啮合齿轮箱、独立式离合器以及更常见的万向联轴器和轴。然而，它们都更重并且成本更高。在十年多的时间内，T 型车在销售总量上超过了这些车的总和。

看到变速器的突出优点，你只会好奇它的创新以及所冒的风险。它很可能不工作，但实际上它工作，这证明了亨利·福特的格言：不论你认为你行或不行，通常情况下你是对的。如果你是一个优秀的设计师，而且你认为它会运行良好，那它就会运行良好。下次，有人告诉你“它不能工作”时，向前走一步找到一个能使它工作的人。同时，也应该谨慎留神那个不加思考而说“没问题”的人。

T 型车变速器的寿命取决于刹车带和变速带衬里材料的磨损。但这不是个太大的问题，福特车维护手册的说法是，这些带可用 1 小时 53 分钟的人工就能更换好（在自家做你会发现需要更多的时间，而且会腰酸背疼）。大约 50 年前，几个新西兰年轻人决定到海滨城市纳皮尔去度一个欢乐的假期。他们全部的资产包括一部老式的 T 型旅行车（如果它可以被认为是资产的话)、一些野营用具、不多的现金和试图在人生的那个阶段掌控自己的青年人的期待。行程的第一步是从奥克兰到罗托鲁阿的地热度假村，而唯一的挑战是孟买高地，他们毫不费力地开了过去。他们抵达罗托鲁阿的时候，作用于后轮上一开始就不怎么好用的手刹完全没有用了。从罗托鲁阿到纳皮尔的路上是一段更为险峻的山地，勉强通过这一段后，脚刹也完全磨损掉了。

小伙子们在纳皮尔度过了期待已久的快乐时光，然后决定即使没有脚刹和手刹，他们仍然可以用倒车带作为刹车把车停下来，就这样他们启程穿越山地回来。开始一直很顺利，经过一地后他们发现在一段相当长的平坦的路面上铺满了松散碎石。他们穿过了小山脊后明白了为什么道路如此平坦——一辆压路机正横在道路中央，而他们正下坡冲向这部压路机！司机用力地踩踏倒车踏板，后轮向后飞转，石子像雨一样抛向前方。幸运的是他们及时地停住了，但是这个惊险一幕被那些开着压路机的家伙们的大笑打破了。面对着小伙子们脸上的惊慌失措，他们笑得前仰后合，就好像这些小伙子们只是滑向压路机。

故事的结尾是当他们到达罗托鲁阿时，倒车带也磨坏了。在讨论之后，他们决定由于低齿带仍然工作，尽管不能用它停车，但至少可以用它减慢速度。他们觉得如果他们很小心，他们可以回到奥克兰，他们也确实做到了。接下来的周末他们更换了摩擦带，而他们的父母对此毫不知情！若干年后，这段往事成为给孙子们讲的精彩传奇了。

我们看看T型车的变速器，会发现其设计原理被应用于汽车其他部分相同的设计。每一个部件都相互合作，而毫不抵触。各个零件被组装在一起，构成容易装配的精密调试过的单元。每一个部件都能以低成本大批量生产。整体紧凑并且重量很轻。整体的设计不是沿袭，福特先生在已知的和被别人忽视或者不理解的设备中做出了不可思议的选择。他的一部分理念现在仍在使用，我们非常熟悉以至于忘记了其出处。而其他的已经随时间的流逝被取代了。福特先生理解时代的需要，但他并不迎合消费者对俗艳或过度舒适的奢望。他按照自己的想法认定当时什么是正确的。这未能使他受热捧，但他却能使许多可能因过度舒适而购不起车的人拥有了一辆车。而这使得他们能够往返于城乡之间，这才是重要的事。

7

电气系统

给我一颗火星引燃成熊熊之火，
那就是学习，
我赞美！

（罗伯特·博恩斯：
《与J.L—K的书札》）

了解T型车独特的电气系统并不需要很多专业知识，它依据的物理定律其实非常简单。1906年那个时代，室内是用气灯或煤油灯来照明的，尤其在乡村地区。汽车配有煤油侧灯以及由乙炔发生器供气的大灯。用电的大灯还不普及，但是发动机却需要电子打火系统。当时有两种选择，一种是永磁打火，由发动机驱动的电子装置可为火花塞产生高压电流。另一种是由一个电池供电的张紧的激振线圈。

永磁打火装置在美国早期的汽车中主要是欧洲设计的，但在美国人心目中既贵又不耐用。有反映N型车所采用的电气系统不理想，而福特先生希望对它做进一步改进。激振线圈能够提供稳定的火花，但采用电池在农场却有些问题，因为没有电力为其充电。其解决办法是在设计发动机时在上面加装一个发电机。此时出现了一些混乱，由于过去的书中福特的发电机被叫做“magneto”（与永磁点火器同词，译者注），我们现在称其为发电机了。不论你管它叫什么，即使是用手炳在低速来驱动激振线圈启动发动机时，这一装置都能提供足够的电能。达到这一效果并非易事，在当时还没有其他低成本汽车制造商拥有这种系统。

早期的有关福特的文献中正确地把这种发电机称之为法拉第系统。麦克·法拉第（1791~1867年）是英国最伟大的科学家之一。他出身卑微，是一个集伟大智慧和实践能力于一身的人，福特先生因而对他非常仰慕。法拉第系统的原理是当一构成回路的部分导体在磁场中运动时，就会产生电流。电流的大小与磁场强度以及导体通过磁场的速度成正比。由铁磁体产生的磁场强度是有限的，设计者仅可以改变的变量是速度。发动机中具有最高速度的是发动机飞轮外缘，而T型车的设计者们在那里安放了磁铁。总共有16个马蹄磁铁安装在飞轮上，端口朝外，它们穿过相同数量的固定线圈或线轴。在发动机的每一转中，磁场最强的磁铁末端在大圈上转动，磁场与线圈间

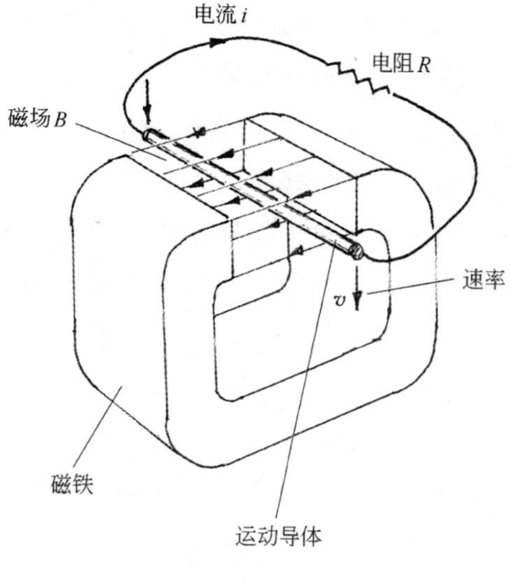

图17　在磁场中移动一个导体产生电流

的相对速度是很大的，即使在启动时较慢的速度下，产生的电流都足以产生一个很漂亮的火花。作为对比，当时的永磁点火装置同样包含发电机，但是它的导体仅绕一个线圈运动且直径仅为飞轮磁铁的八分之一，想获得一个理想的电流是很困难的。

对车的这一部分设计再一次表现出了福特先生和他的设计小团队利用众所周知的原理来寻求新的解决办法的能力。总体设计减轻了重量，避免了复杂性而且易于制造。他们把磁铁的工作端放在发动机转得最快的地方，也就是飞轮的外缘。总重量的减轻，部分地归因于不需要额外的齿轮和轴去驱动，也归因于磁铁的重量被计入在飞轮上用于储存能量。磁铁以及齿轮簇增加了飞轮的质量，并且同时来完成它们自己的任务。如果它们不在那里，飞轮将不得不重了许多，并且附加的质量会成为致命的负载。如果你设计的零部件能同时做几件事，你就能减轻重量。磁铁同时做其他工作，它们使润滑油飞溅到变速器箱座内壁，在那里润滑油由收集器收集并引导至管子中流到发动机的前部来润滑前面的曲轴轴承。通过这种方式使润滑油在发动机及变速器内循环，从而省掉了油泵。

可以说福特系统映射着在当今成为汽车发电系统标准部件的发电机。同福特永磁电机一样，车用发电机有一个旋转的磁场并且能在固定线圈内产生交变电流。现代的电子装置用于整流为电池充电；这些在当时是不存在的，而且标准的T型车上没有电池。飞轮发电机产生的电流被送往装在凸轮轴上的低压分电器或者转换器上（有时也叫做正时器）。这一装置使电路与四个激振线圈中的一组相连，这一组连接至需要点火的汽缸。线圈有一个振动簧片用来分切电流并感应出用于火花塞的

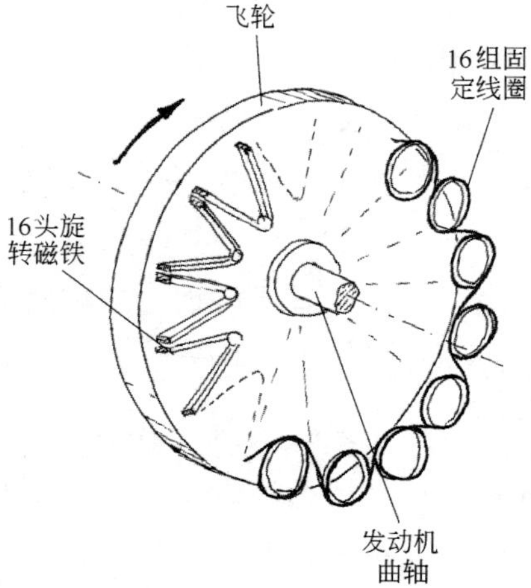

图 18　福特“magneto”发电机由安装在飞轮上的磁铁和固定线圈组成

高电压。只要正时器是在接触状态，激振线圈就会连续地生成火花。这会发出令人陶醉的蜂鸣声，因而你知道即使慢慢地启动发动机也能激发火花。振动簧片的接触点可以用锉刀清理和调节。戴克汽车百科全书中写到：

> 常用的调整线圈振动片或簧片的方法是经验法，向下旋转簧片螺栓直至听到尖锐悦耳的“吱吱”声，越近就越容易检测到，调整所有的螺栓以得到同样的效果。

这种调整发动机的方法，就如同调整你的钢琴，调整某些东西直到得到一个悦耳的声音。这比把发动机连到计算机上或找个电路专业技工有趣得多。

T 型车电气系统在成本、可靠性、轻量化以及易于制造方

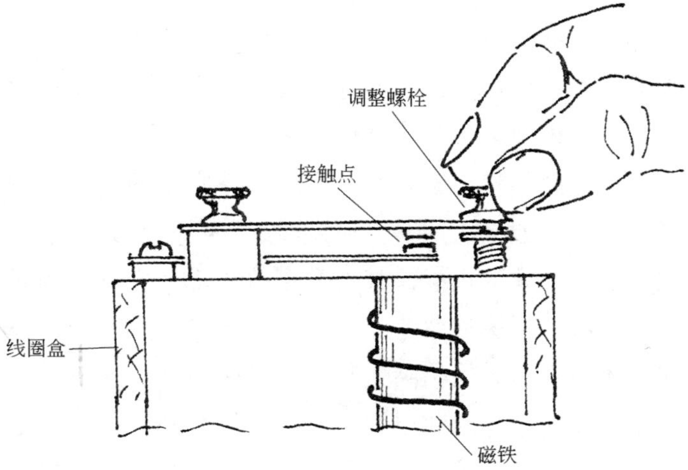

图 19 调整激振线圈接触

面具有巨大优势，但是在性能表现方面，不得不承认具有一个承袭下来的缺憾。通过永磁发电机产生的电流是不平滑的而是脉冲的，当它通过分配器连通到产生供打火花用的高压的激振线圈簧片上时，会不可避免地在打火花的时间上有随机性。这种现象在较慢速度时不要紧，但在高速时却会引起人们的注意。为了使发动机在高速时平稳地运行，必须精确地使每个缸在同一行程点打火。一个好的永磁电机，很好地调试过，在高速时平稳运行，并且高性能的汽车常常会有两个永磁电机来改善可靠性（这种方法仍然应用在轻型飞机发动机上，飞行员在起飞前将发动机高速运转，然后交替关闭一个永磁电机以检查是否两个都能正常运行）。

那些希望改善 T 型车在高速时的性能表现的车主们可以通过购买电池、分配器和线圈来组装一个类似于现代汽车的点火装置。他们需要一种方式来给电池充电，但即使是些许的改进也需要一笔可观的支出。仔细观察原始设计，人们可以体会到一个值得牢记的原理，即“追求完美，反受其累”。福特先生个性中的某些特点使他固执地选择好的、质朴的而非华而不实的东西，这使得他虽不受欢迎但很成功。

在一个寒冷的早晨发动汽车不是一件容易的事，当时没有电动起动电机。如果机油是冷而稠滞的，会使齿轮箱中的齿轮以及刹车带间的拖动负载比其他类型汽车都更大。在当时，需要把机油排出，用平底锅在炉子上加热，然后再灌回汽车里，即使如此还需将车后轮抬高使其得以自由转动。这听起来有点困难，但或许人们却因此更为健壮吧！福特先生很了解冬天的气候，因而他所提供给人们的电气系统是精巧的、合适的，适于那些有强壮脊梁骨的人。如有缺憾之处，对于那些五花八门的汽车配件商来说是天上掉馅饼，他们制造出不计其数的各种装置，用来改善或试图改善原始系统。

几年后，电灯照明变得流行起来；已有的电气系统为一组车灯提供了充足的电能，并且比起其他车来说这种替换更简单、更便宜。福特几乎是在白白得到某些东西，尽管这“某些东西”并非是人人所期望的。大卫·羌璀——有关福特在南澳洲发展史的书《党肯和弗雷泽有限公司，未为人知的故事》的作者，评论说：

> 第一个装有电力前大灯的T型车出现于1915年。汽车前大灯由飞轮上的永磁发电机供电。它们工作的十分好，可是它们的“亮度”直接与发动机转速有关。发动机转速越高，灯光越亮。主要的缺憾是，一旦发动机停止，灯就会熄灭。这已经证明了一个特别有意思的事：天黑后驾驶一辆黑色福特，出故障了把

车停在路边，没有任何指示灯。因而它们都带上了煤油侧灯和后灯。

在1919年末，亨利在车上安装了电动起动电机。这一巨大的改进需要电池来驱动，并且要有发电机为电池充电，另外还需要安装双路前大灯开关，“亮”或“弱”，以及安培计显示充电速率。这一变化包括了将弱灯集成在前车灯里。弱灯，或如我们今日所称的停车灯，使得煤油侧灯被彻底淘汰。尾灯也开始是电的了。福特汽车公司一直提供电力起动和非电力起动汽车的选择，直到1927年停止生产。所以，任何未安装起动电机和发电机的汽车除了装有永磁发电机驱动的前大灯、安培表以及双通转换开关外，还装有煤油侧灯和煤油尾灯。

在这一点上，原始设计的完整性上做了一些妥协，可以说这些改动对维持销售是必须的，在后续的几年里生产质量变重的汽车，而使其变得越来越没有竞争力了。T型车的衰落并最终被A型车所取代则是另外的故事了。

法拉第原理

T型车电力来源，通常被称作飞轮式永磁发电机，含有数个沿飞轮周向布置的固定线圈轴，每个线圈轴上都有一定匝数的铜线并且这些线圈轴连接成一个电路。磁铁被安装在飞轮上，并在线圈中产生磁场。当飞轮转动的时候，磁场渐强和渐弱并在电路中产生电动势而形成电流。

法拉第电磁感应定律阐述：

“在闭合电路中产生的感应电动势是负的磁通量随时间的变化速率。”

用数学公式表示如下：

$$\varepsilon = -\frac{\mathrm{d}\phi_B}{\mathrm{d}t}$$

式中，ε 是用于在电路中产生电流的感应电动势；在用激振线圈产生点火的火花的情况下，ϕ_B 是磁通量，定义为磁感应强度为 B 的磁场下线圈所含的面积及线匝圈数的乘积；数学表达式 $\frac{\mathrm{d}}{\mathrm{d}t}$，表示电流强度的大小，取决于线圈中磁场的变化率，直接与磁铁通过线圈的速度成正比（负号是早期的物理学家为表示电荷的正负而进行的原始的定义）。

值得注意的是，磁铁被放在发动机转速最快的地方，该布置的额外闪光之处是它没有使用额外的齿轮、带或者轴来驱动。经历过由于发电机或交流发电机断带而引起的无法充电的当代司机们，他们一定会欣赏T型车的简易性、轻量化及高效性。

许多在校学生都能写出上述的数学表达式。福特先生不见得会写这个表达式，但他已经深刻地了解到每天都在运转的装置所依赖的重要物理现象。进而，他深信这些原理，并将它们付诸实践。不幸的是，许多学生仅仅把学习这一知识作为通过考试的途径。

8

成　功

市场不会因好产品而饱和，但差的产品很快就会使市场饱和。

（献给亨利·福特）

福特T型车是成功的，这一点毋庸置疑，但人们不得不承认在1908年时其产量是未知的。这款车与前后时代的都不同，没有任何市场调查会预测它能否被市场接受。没有人知道这种车成本这么低并且运行性能这么好——没有人，除了福特，即使是他自己也没十足的把握。

“美妙的东西永远是让人赏心悦目的”基茨写道，但他并非说的这款车——尽管它的丑陋外表影响了某些人。T型车的表现可最贴切地表述为简单而实效。人们总是在想福特先生脑海中已经知道在当时哪款车是合适的，如果他们更富有或路况和车况等条件更好些，它却不是人们所曾经期待的。他更像一个勤俭的母亲给他的孩子买结实、得体的衣服穿一样。这些衣服不见得是孩子们想要穿的，但这些衣服却一定是经得住岁月的磨难的。

成功的关键之处在于设计。该车的机械特征是那么的有意思。有那么多的零部件被巧妙地构思，并创造性地制成一个可在生产线上容易装配的简单部件，进而组装为所有零部件都经过调试的部件单元，最终在总装线上将它们迅速地组装为整车。好的设计意味着少的零部件，油箱放在前座下的较高部位，仅仅依靠重力就能流入化油器，因而不再需要油泵。也有一些不便之处，乘客需要下车掀开前座垫子才能加油。

设计的另一成功之处是驾驶系统。福特 1896 年的四轮车驾驶使用类似于船上用的舵杆。舵杆是一根由司机操纵的长棒，另一端固定在短臂上，以便获得正确的操作量对车轮进行导向。当方向盘被用于转向系统时，大多数设计者在转向杆基上采用笨重且昂贵的齿轮箱，福特先生采用了一套小型的行星齿轮系，同拳头相当，放在方向盘的正下方。它廉价、轻便，但同时也会产生磨损，一般会有一些间隙，但司机能逐渐适应它（后来过了几年，高速汽车出现后，这些转向机构变得更为有效）。

刚开始时候，这些车曾有许多种颜色供选择。但当产量大幅增加后，在烤炉中迅速烘干车体成为一个问题。这一问题的解决办法是所有的车都被喷成黑色。确实，生产单一颜色的车比生产几种颜色的车来得便宜，但为什么单单选择黑色呢？原因是黑色相比其他颜色干得快。这是一种物理学法则。像福特先生所做的许多决定一样，颜色的选择是完全基于自然法则，而不是美学或头脑发热。

“螺母和螺栓”的故事很有意思。但作为一小段社会历史它却是很重要的。设计小组成员之间的关系如何？这个小组应该多大？如何使那么多背景和技能完全不同的人这么好地协调有序地工作在一起？福特先生的脑子里是如何产生出到底需要怎么样的车的奇思妙想呢？他如何将这些想法贯穿始终而不妥协呢？存留下来的有关福特公司早期历史的文献是大量的，而且已被一遍遍地检视过了，但这些问题依然没有答案。作为领跑者，亨利·福特自己没有记下这些东西，而他所说的某些事情，仅仅是为打发人们远离其视线。我们仅能凭直觉找寻这些答案。

福特先生组织了一个小组，但并不是找一些最好的各类设计人员或小组，并由其中的一个负责设计发动机，另一个负责变速箱，等等。今天的汽车制造商这样做，但这种方式并不好。今天我们不可能知道谁在T型车上设计了什么，其缘由很简单，该车不是某个人的独特表现的结果，整个车是作为一体而一蹴而就的。自然，每个组员都是专家。索伦森介绍了他们中的一些成员：哈罗德·威尔斯，作为见习钳工并同时在夜校学习工程。“他对机械设计有热情”。出于某些原因，他未能直接参与车的设计，但毫无疑问他对此是有贡献的。约瑟夫·伽兰，在匈牙利念过书，是一位专业工程师，见长于工装具，他负责整车项目。索伦森是一位对铸造技术有很深造诣的砂型工。爱德华·哈夫有电器方面的经验。也有其他一些人起到了重要角色的作用，但总数不会超过12个人。

关键的因素是福特先生有能力选对人，并使他们热情饱满地一同投入到整个项目中去。无论怎样，他把所得的这些聪明人的想法放到一起，并发展为一个公共的设计成果，而不是简单地听从他们各自的主见。在这些有技能的工匠和受过专业训练的人当中，没有社会的或传统的等级区别，团队中每个成员的才能都受到相互尊重。据说，20世纪美国工业之所以能够取得这么辉煌的增长，是在那些相关的项目中，人们更易交流。当在这一环境下长大的人们看到存在于欧洲工业界的等级之分和不同组织之间的坚固壁垒，他们惊呆了。他们所知道的是在美国，主任工程师会经常和机器旁的工人进行交流，并且他们都相信彼此能从对方那儿学到点东西。

福特先生致力于一款大部分人可支付得起的车。他将这一目标时常挂在嘴上并实现了这一目标。为使这一目标成为可能，他不仅仅建立了制造系统用以大规模生产汽车，而且实施了对车的基础设计。这是一项巨大的成就，在所有福特先生所做的可圈可点的事情中，设计过程是最为鲜为人知的。如果该设计不是这样地闪烁智慧之光，其他人也不会如此跟风。他从来没有详细地解释过他为何选择这样设计，这也可能是出于不喜欢张扬自己的聪慧的缘故，在那个时代是许多人的共同特性。福特先生在很多事情上的观点极为随意，有时甚至损害了他的声誉，但在T型车设计上他却坚持己见。拥有这样的行为特征的不止他一个。让任何一个伟大的艺术家来解释他著名的作品时，所得到的答案好像都是“哦，就该是这样的吧”，一个杰出的艺术作品有它自己的和谐之美，甚至连创造它的人都不能轻易地解释为什么这个或那个在哪个位置。

福特先生的确说过，他想造的车既轻又有强劲的动力，他做到了。这款车仅有1200磅，对于一个搭乘5人的车辆来说是非常轻的了。发动机产生20马力的动力，在那个时代，对这种尺寸和重量的车来说已是够大的了。在这么轻的车上配装如此大马力的发动机，不言而喻意味着既不安静又会有振动。当发动机运转时，整个车就像个拳击手在搏击前一样来回晃动，但由于设计得如此合理，因而也没有把自己振碎。所有这些归功于某些完美的设计理念。T型车被早期的作者划归为

“轻型车”，虽然当时还有其他的轻型车存在，但是T型车凭借它精巧的设计和坚固的材料，因此T型车车体不仅轻而且极为强壮。布丁的好坏只有吃了才知道，设计的诞生地匹奎特工厂所贡献的不仅仅表现为数百万辆所生产的车，而且也被该车难以置信的旅程所体现。T型车横穿了澳大利亚腹地，克服了美国西部的泥泞并且在非洲和中东的沙漠经受了考验，但那是另外的故事了。

一个人不时地坐回到T型车设计和原型车组装小屋里的摇椅上；这把摇椅可能是所发生的天才和灵感组合的关键。现代管理学不知道用这把摇椅干什么。坐在那儿做的很少，在这样一种氛围内会令一般人发窘。但另一方面，福特先生却做了也许我们会用一生来做的最重要的事，就是耐心倾听别人的想法，偶尔抛出一个很小的点子——不是一条命令，不是一个备忘录，不是一封邮件，在大部分情形下，只是一个单词而已。如果它被坚定不移地做下去，而且在你骨子里认定它是正确的，那么你就能够成就伟大的事了。

附录1　T型车的生产

附图1给出了从1908年投产以来的T型车总产量。这一累积总量图显示了一个重要的事实，即到停产的1927年，T型车总产量约为1500万辆。该曲线显示在开始时产量增长很慢，但到后期增长仍然很强劲，但这是误导。

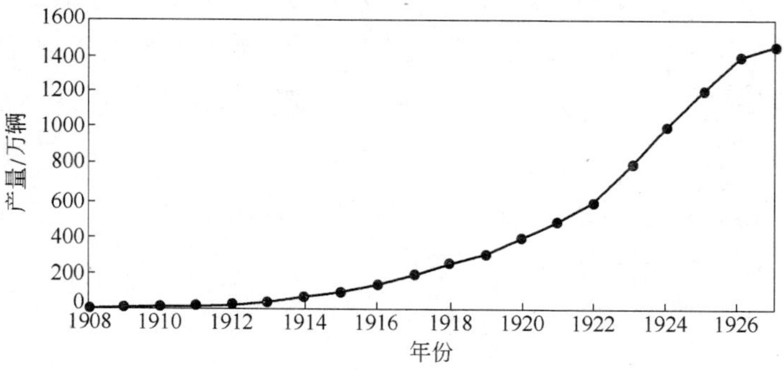

附图1　自1908年投产以来T型车的累计生产总量

附图2显示自1908～1926年期间T型车同比增长率。图中清晰地表明，在开始的几年里，T型车有很大的增长，但在第一次世界大战（1914～1918年）期间及战后产量出现了回落，但20世纪20年代有强劲的反弹。到1924年，产量少于前一年，以后这种趋势一直延续着。公认的减产理由是竞争车型在设计上的改进提高。福特先生反对在车型上改进，直到该车型在1927年停产。

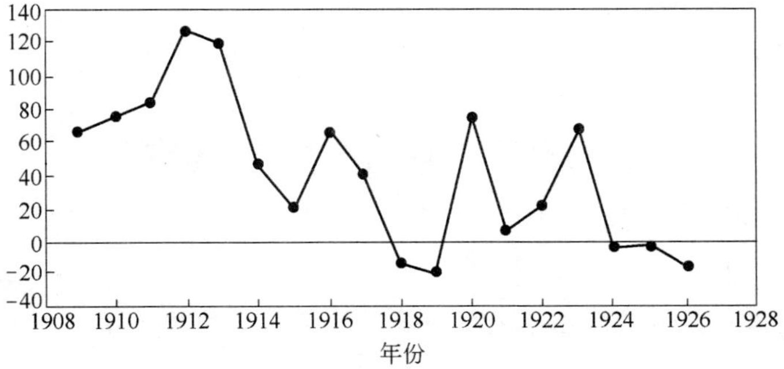

附图2　1908～1926年期间T型车同比增长率

附录 2　附加的单位转换

现行国际单位对文中一些常用量的单位转换：

在发动机每分钟 1000 转时，从低齿换到高齿，车速将从每小时 9 英里（每小时 14 千米）到每小时 25 英里（每小时 40 千米）。

一马力即每秒 550 英尺磅的功，等同于 0. 746 千瓦。T 型车发动机的额定功率是 20 马力或 15 千瓦。汽油发动机的热效率在当时很低，因此，如果发动机满负荷运转，消耗的能量大于 50 千瓦，相当于 50 多个电加热器的功率。

发动机的尺寸为 177 立方英寸，或约 3 升。

参 考 文 献

[1] Bak Richard. Henry and Edsel: The Creation of the Ford Empire. Wiley, New Jersey, 2003.

[2] Chantrell David. Duncan and Fraser Ltd: Legacies Left Untold. Not yet published.

[3] Clymer Floyd. Henry's Wonderful Model T, 1908 ~ 1927. Bonanza Books, New Jersey, 1955.

[4] Darwin Norm. The History of Ford in Australia. Eddie Ford Publications, Victoria, Australia, 1986.

[5] Dyke A L. Dyke's Automobile and Gasoline Engine Encyclopaedia, 21st edition. Goodheart-Wilcox, Chicago, 1949.

[6] Ford Owner's Handbook. Models T and A. Floyd Clymer Publications, Los Angeles, 1958.

[7] Hayward C L. An Outline of Metallurgical Practice. Van Nostrand, New York, 1929.

[8] Lacy Robert. Ford: The Men and the Machine. Heinemann, London, 1986.

[9] Model T Ford Restoration Handbook. Floyd Clymer Publications, Los Angeles, 1971.

[10] Nevins A. Ford: The Times, the Man, the Company. Charles Scribner's Sons, New York, 1954.

[11] Nevins A. Ford: The Times, Expansion and Challenge: 1915 ~ 1932. Charles Scribner's Sons, New York, 1957.

[12] Pagé V W. The Modern Gasoline Automobile. Norman Henley Publishing, New York, 1912.

[13] Sorensen Charles E. My Forty Years with Ford. Norton, New York, 1956.

后　序

福特先生和他的车的故事本身是很有趣的，但有人不禁会问这和中国有什么关系呢？中国的乘用车从20世纪50年代生产前苏联设计的轿车开始，一直到20年前产量一直保持不变。每个月的产量不到1000辆，而且从设计到生产设备都没有任何变化。但现在中国进步神速，2009年中国汽车产量超过加拿大、美国和墨西哥三个国家之和。中国制造的车辆质量良好，可以和其他国家制造的车辆相媲美。遵循海外的经验采用现代机床与机器人的中国汽车制造企业和汽车需求日益活跃。但同时许多大型城市开始经历交通拥堵。中国正在迅速陷入现代汽车优点与缺点共存的潮流中。

如果福特先生今天仍健在，面对中国的现状，他会想些什么？可能他不想和中国的汽车企业竞争，在T型车出现前，福特公司投资方强求他生产一种大型的华丽轿车，这种车当时在美国盛行，和欧洲生产的车非常雷同。这种车非常昂贵，只能被富人购买，通常只是让人印象深刻却没有什么实际用途。在这件事情上公司投资方和福特先生存在较大争论。在福特先生一生中，他更关注他的产品是否改善了人们的生活，甚于关注产品本身。他对如何挣钱成为富人没有兴趣，他认为钱只是使他能够改变一些事情。他希望努力工作的人们能有更充实的生活，他认为那些要求他生产的奢侈汽车对普通人生活，或者说对这个世界都没有什么帮助。福特先生不仅对汽车感兴趣，而且多年来他还开发了农用拖拉机和飞机，致力于采矿业，甚至修建了世界上第一个机场酒店——Dearborn 酒店，在那里你现在仍能看见福特先生订购的用于装饰的家具和画作。他开发 T 型车的动力在于帮助农民过上更舒适的生活。可能因为在他的心中，农场的生活是艰苦的。家庭间相隔较远，而道路状况不好，通讯和交通都存在困难。福特先生希望这种车辆农民能负担的起，而且还能应付乡村泥泞和下雪的道路。这辆车要马力强大、轻便、结实并且易于维修保养。当生产与需求以惊人的速度增长时，制造业对地区财富增长的贡献要远大于农业和其他行业。底特律突然变成一个快速扩张和繁忙的中心，巨大的财富被创造出来。此时，一种看法是保持低的工资以便工厂主人可以积累更多的财富。但众所周知，福特先生持相反观点，他尽其所能地增加工人收入，使工人可以拥有他们自己生产出的汽车，与此同时，他自己也成为世界上首富之一，他的工人则享受着世界上最好的生活条件。

如果福特先生能够对中国汽车行业现状进行调查，他可能会认为发展得还不错，但不会对其表示浓厚的兴趣。他更倾向于从事其他人忽视的领域。他总是寻找新的开发方向，而不是进入那些人人都做同样的事情、技术没有进步、为了获得市场竞相降价的过度拥挤的领域。他会发现在中国很多人从农村涌入东南沿海的城市，而这些城市变得日益拥挤，他还会发现相对于中国其他地区，这些城市变得日益繁荣而且制造业的经济获益集中于此。他敏锐的头脑会意识到农村对车辆的需求没有得到满足，制造出来的车辆或者不能适应当地的环境，或者太贵了超过农民的承受能力。他可能会建议将制造业中心从城市转移到农村，而不是将人们带到拥挤的制造业中心去。他将倾注他的创造力去设计最适合农村人使用的车辆，这是一种不同于目前生产的西式车辆的汽车或卡车。它应该是价格便宜、马力强劲、轻便结实而且能在农村许多中心生产出来。它不同于T型车，毕竟T型车诞生于一百多年前，我们已经在汽车的设计上、制造技术上和安全性上取得了很大的进步。它的制造方式不同于目前的其他汽车，也不会和目前中国西式的汽车工业形成竞争。它服务于不同的市场，将产生一个新的、平行化的汽车产业。它将成为典型的中国汽车，采用新的方法制造，适应农村的需求。有一件事情可以肯定，如果福特先生按他通常做事的方式，这款车将真正是人民为使用所“需要”的那种车型，而非人们所说的“想要”的车型。

当然福特先生未能活在当代，但读过这本书的某个人将看到一个机会，并有能力和决心去做他会做的事情。

作者简历

1909 年 John Duncan 的祖父获得福特公司 T 型车在南澳洲的代理权。当时他和他的兄弟们在经营一家大型客车制造厂，而且已经代理了多种美国和英国的车型。在一次世界大战期间，澳大利亚政府颁布了汽车车身的禁运令，因此成千上万的 T 型车车身得以在澳大利亚公司生产。John 的父亲成为该公司维修部门的经理，直到 1927 年福特公司在澳大利亚建立了自己的工厂，公司停止运营为止。1956 年 John 毕业于墨尔本大学的机械工程系，曾在美国和澳大利亚堪培拉的土方设备公司工作。1961 年他和夫人一起前往英国，投身 W. Johnson 教授门下进行金属成型方面的研究，1968 年获博士学位。在此期间，他和波兰的 Z. Marciniak 教授合作，出版了金属板成型的教材。1970 年 John Duncan 被聘为加拿大 McMaster 大学的教授，与 R. Sowerby 博士一起开始与底特律的汽车公司和钢铁、铝合金生产厂合作。1982 年 McMaster 大学邀请了一些学者进行合作研究，John 开始了和北京科技大学王先进教授持续至今的合作。1984 年他与夫人首次应邀来到中国，在当时的北京钢铁学院（现北京科技大学）进行讲学。他还在北京航空航天大学和南京航空航天大学、东北大学、上海交通大学进行过讲学，并被聘为北京科技大学和东北大学的名誉教授。

1984 年 John 被选为美国金属学会会员，1986 年移居新西兰，被聘为奥克兰大学机械工程系教授。1998 年作为名誉退休教授退休。他与美国密西根大学的S. J. Hu教授、澳大利亚Deakin大学的Peter Hodgson教授继续合作研究，并于2009年成为Deakin大学名誉教授。

作为教师，John一直保持两方面兴趣。一个是对学生在工程设计哲学方面进行教育，重点在于教学生学会设计的过程以及如何从实际设计项目中获取经验。另一方面是用大学本科材料力学相似的教学方式，对金属成型力学教程进行改进。他研究的领域主要在金属成型方面，特别是成型过程的简化分析模型研究和单向拉伸试验以外的材料拉胀试验的研究。

John对汽车发展的历史也很感兴趣。20世纪50年代，他和他的朋友们修建了一台1911年的Mitchell发动机，并自己做出了配套的车身。他现在仍拥有这辆车，而这辆车已经成为他家的重要家庭成员之一。最近他选购了一台1918年产，带有他祖父制造的“华丽车身”的T型车。现在他的兴趣集中在家族历史中为数众多的后裔上。1861年James Duncan从苏格兰移民到澳大利亚，和成千上万来自中国的移民一样，对这片“黄金热土”充满向往。当他发现没有黄金可开采时，就利用他的聪明才智成立了一家公司，开始生产马车、有轨电车，最终至汽车车身。

Any Colour – So Long As It's Black!

Designing the Model T Ford 1906–1908

John Duncan

EXISLE
PUBLISHING

1

Designing the future

See first that the design is wise
and just: that ascertained, pursue
it resolutely; do not for one repulse
forego the purpose that you resolved
to effect.

(William Shakespeare)

BY 1906 AMERICANS had realised that the automobile was more than a toy for rich people; it could be useful in everyday life. As prices came down, many could afford to buy a car and a great variety was offered. Most buyers had not owned a car before and the choice might have been a problem were it not for the fact that even then men were far from logical in choosing a car and tended to act on impulse; nevertheless, for the first time, a man could partly justify his urge to own a car on the grounds of utility and on the economy of owning a car rather than keeping a horse.

The demand for cars was great and many companies sprang up to satisfy this. They produced a mixed assortment of vehicles. The engine might have only one cylinder or many. A popular style was essentially a buggy without a horse, steered by a tiller and having the engine under the seat. There were automobiles as we would recognise them with an engine in the front, a steering wheel and a coach-built body for four or five people. There was no consensus on a standard automobile; most were driven by a gasoline engine, but there were many steam cars and battery-driven electric automobiles on the market.

This was a time of experimentation and, from our present vantage point, a time of confusion. At this moment one man, Henry Ford, working with a handful of carefully picked men, designed a vehicle that was so successful that within ten years half of all automobiles were of this design. The vehicle, the Model T, did not look unusual in that the wheels, the engine, the radiator and the steering wheel were in the usual places, but below the surface there was considerable innovation and clear thinking. Many of the features that were new or peculiar to the Model T became standard practice in the automobile industry by the 1920s. Some of the devices that were introduced by Mr Ford were refined in later years and became part of current automotive technology, such as the automatic transmission, electronic ignition and the alternator. More than 15 million cars were made to the original design until production of the model ceased in 1927. In its later years, the Model T was superseded by other makes, but for the design to have lasted without major change through the greatest years of development in the history of the automotive industry is remarkable.

The early years of Ford have been well researched and many books and archives are available. In spite of this, the simple story of designing the Model T has not been told. Many people know of the moving assembly lines, the giant Ford plants and that Mr Ford is believed to have said that ‘buyers could have any colour so long as it’s black’, but the key that unlocked the door to all these events was the mechanical design of the vehicle. The design was responsible for the car’s performance, which excited people and created the demand. The demand justified the great plants and led to a reduction in cost. The price further enhanced demand, although cheapness will never save a bad product. Mass production was facilitated because the car was designed as a number of well-aligned units that could be assembled quickly and economically.

It has been well said that whenever an artist paints a picture, no matter what else it shows, it will always portray (or betray) the character of the artist. The same is true in engineering design. The personality of Henry Ford and the design features of the Model T are inextricably linked. Throughout his life, Mr Ford’s relationships with family and associates were uneasy. It is true that he got on well with a few people of exceptional talent and much has been made of his friendships with Thomas Edison, Harvey Firestone Jnr (the tyre-maker) and later with Charles Lindbergh. On the other hand, his relationship with his son Edsel and the bitterness surrounding his dealings with unions display the difficult side of his personality. He was clearly an obsessive and idiosyncratic person. The author had a relative, Uncle Howie, who was a foreman in one of Ford’s early plants. He said that if the power failed, as it did frequently, Mr Ford would immediately leave his office and walk out into the plant. If he saw a man idle, he would go up to him and ask to be taken to his foreman.

He would then fire the foreman on the spot on the grounds that there was tidying up and sorting-out work that could be done without power. Uncle Howie' s protection was to keep in his locker a number of cans of paint and brushes; his men knew that the moment the power stopped, they were to take a can and find a machine of the right colour to paint, whether it needed it or not!

Those who came into contact with Mr Ford had a very ambivalent view of him as a man; perhaps others had a similar attitude to his car. The author' s father told of coming across a man fixing a Model T that had broken down in a remote spot in the country. He stopped to offer help, but was told, ' No boss, you go on your way. I' ll get this thing going.' Five or six hours later he came back along the same road and found the man still fixing his car. Again his offer of help was refused and my father noticed that the man was bare-footed and his boots were placed neatly beside the road. He asked about this and the man replied, ' Look boss, if I hadn' t taken off my boots, I would have kicked this bloody car to pieces by now.'

There are many instances in subsequent Ford history where men, if they had not metaphorically taken off their boots, would have kicked Mr Ford to death. He gave very little attention to the opinion of others. It is reported that in the early 1920s when many felt that the Model T should be drastically redesigned, a group of men built a prototype that had all the improvements they wanted; his response when they proudly showed it to him was to pick up a sledgehammer, smash the car to pieces and walk away without saying a thing. If Mr Ford had been more accommodating of other people' s thoughts and feelings, his family would have been happier and he would have been a more popular figure, but neither his car nor his company would have achieved so much. The car he designed was not what people asked for; he analysed the situation for himself and gave them the car that best fitted the needs of the time. In our era, when good design is often compromised by so-called ' market research' , it is refreshing to examine a case where obstinate but brilliant engineering design was so successful. Where Mr Ford' s ability came from is not clear. He had some schooling in mechanical engineering and practical experience in industry before he started on automobiles. He also had a great regard for those who understood the basic elements of their craft and was eager to obtain advice from the few he knew well and respected. In the end, however, he did what seemed right to him.

The Model T was designed and the prototypes constructed in the Detroit Piquette Avenue plant of the Ford Motor Company in the years between 1906 and 1908. The building is still there and one can see the spot where the car was conceived. Thanks to the efforts of a devoted few, the building has become a national heritage site and is a fitting monument to one of the great examples of engineering design. What was achieved there is not immediately obvious, but if we look more deeply at the concept of the car and the way it was put together, we can understand the importance of this historic event.

2

Choosing the moment

There is a tide in the affairs of men,
Which, taken at the flood, leads on to fortune.

(William Shakespeare:
Julius Caesar)

HENRY FORD BUILT his first vehicle, a quadricycle, in his home workshop in 1896. After some false starts, by 1904 the Ford Motor Company was producing a number of models of both light and larger cars. This was the time when practical and affordable cars first appeared, one of the most popular of which was the Oldsmobile. It was basically a motorised buggy with an engine under the seat and steered with a tiller; it sold for $650 and, according to Charles Sorensen, a key member of Mr Ford' s team for many years, thousands were built. My great-grandfather was agent for these buggies in South Australia, and his sons established a number of records for times between major cities. There were also automobiles as we know them, with the engine in front driving the rear wheels and with a coach-built body. Some skill was required to start and drive these cars, to change tyres and extricate the car from a ditch if need be, but as many drivers at that time had grown up on a farm, they could manage. All kinds of people, whether the doctor or the mailman on his rounds, the farmer going to market or the businessman, began to see the automobile as a practical and economic alternative to the horse-drawn vehicle, and the demand for reasonably priced, practical cars escalated at an enormous rate.

In 1906, Mr Ford came close to producing the car his heart was set on, the Model N, with a price tag of $500. This was a neat, shaft-driven car with a four-cylinder engine. It was popular and the company was well placed to ride the crest of the wave of demand for a practical car. Mr Ford was fortunate at that time to have an associate, James Couzens, who would manage the financial, accounting and sales functions of the company, leaving him free to concentrate on the design of the next car. Evidently Mr Ford was not satisfied with the Model N; he must have thought deeply about what was needed for the future. The strong demand for cars, which was even greater than he had anticipated, would have told him that the numbers could be even higher in the future. Obviously this meant that each part of the car had to be designed so that it could be made easily and in large quantities. The less obvious fact was that with this sudden increase in the number of cars, many buyers would be first-time owners and consequently novice drivers. Typical cars of the time were neither easy to start nor to drive.

A major driving problem was in shifting gears and the improved car would need to overcome this problem. Nowadays many people use automatic transmissions and they, and those who still prefer manual transmissions, may wonder at the difficulty drivers had in the early days. The fact is that modern gear-boxes have devices that were not then invented to make shifting much easier. Without these improvements, there would be much gnashing of teeth! It was also obvious that the car should be able to handle rough roads, with mud in summer and snowdrifts in winter. This dictated good ground clearance, but Ford appreciated the need for adequate power coupled with light weight. Designers found they could easily increase power by building larger engines, but the advantage was lost if the chassis, transmission and axles had to be so much larger to withstand the increased stresses that the power-to-weight ratio was not improved. Some new ideas had to be developed to achieve more power while reducing weight.

It was clear, too, that it would not be possible to start with a quick design and then improve it little by little as experience was gained. Keeping track of all the changes would be impossible if thousands of cars were spread across the nation, and Mr Ford clearly anticipated the need for standardised spare parts that would enable the owner to service his vehicle. As everyone was in a learning phase, the design had to be right from the start, and changed as little as possible from year to year. In this way, inexperienced dealers and owners had a chance of building up their skills. Mr Ford must also have been thinking of the kind of manufacturing plant that could build cars in vast numbers. He would have realised that production could not be interrupted to accommodate design changes.

Towards the end of 1906 the scene was set for one of the most amazing events of the 20th century. The Model N, which was being built in the Ford Piquette Avenue plant in Detroit, was popular and bringing in funds and, as mentioned, Mr Ford was free to concentrate on the design of a new car. It is fascinating to see how he went about this task. He kept the whole project as small and as closely confined as he could. He picked very few men, whom he knew from personal experience to have the particular talents and frame of mind he needed. He then partitioned off a small space, 15ft by 12ft (5m by 4m) in the top storey of the busy Piquette plant, where he installed some blackboards and a few basic tools. According to Charles Sorensen, he and the draftsman, Joe Galamb, and his two assistants, Gene Farkas and Louis Halmesberger, were the only people allowed in this enclosure. It was a small and, by all accounts, sparsely furnished space, but it did contain one curious item-a rocking chair.

Mr Ford had a characteristic way of working. He could only communicate with the few people he knew well. It also appears that some of his ideas were only partly formed and he needed specialists to fill in the detail. His co-workers did everything and one of them, when asked later how Mr Ford accomplished his work, replied, ' He did not seem to do anything, he was just there.' This must have been the reason for the rocking chair. Mr Ford could just be there while it was all happening around him. He did not order people to do things. This may be the way in some jobs, but in a design team everyone must be thinking all the time. Perhaps Mr Ford realised that it was his role to think about the ultimate goal and not to be too specific about how to get there. In this way, those who worked with him would be thinking out a solution in detail and as they were all skilled in a particular field, they would find the best way to get there.

The team was small, but it covered the necessary skills: one was a pattern-maker and understood castings, and others could keep track of the design and make the engineering drawings as the car developed. It appears that Mr Ford could not read a 'blueprint', as the drawings were then called, and he often called for wooden models of parts before they were made in iron or steel so he could see the shape and handle the part. There were other people to call on even if they were not allowed into the inner sanctum: one man knew about electrics, another was good with engines, and so on. These men were, by and large, artisans rather than professionally trained engineers.

Nowadays there is a place for the highly trained engineer in a design team, but genuine communication between all levels in the team is essential. Unfortunately this interaction is often overlooked in modern projects. Design is a creative act and the interaction between members of a team is a subtle process that depends on experience and expertise in many fields and, above all, on mutual respect for the talents of each and every one in the group, no matter what their level of formal education. Today many young people think that one has to be highly educated before starting a career and they incur an enormous financial debt doing this. This may not be wise. Sorensen's schooling was brief; he learnt on the job and, like many of his generation, took classes at night school. He made a good point when he said: ' No man can help it if he has to leave school in his early years, but he can very much help it if he lacks an education thereafter. '

This then was the situation at the Piquette plant when the Model T Ford was created. Between 1904 and 1908, the opportunities for the automobile designer were as great as they would ever be, but so too were the challenges. There was no shortage of designers or ' would be' designers. Some failed, some did well, but judged on the basis of the number of cars made to the one design, nobody has ever come close to Henry Ford and the Model T. It has been said that the Model T was not a sophisticated design. Webster' s Dictionary defines the word as:

> **Sophisticated** ***adj***. highly complex, refined, or developed, characterised by advanced form, technique etc.

One can think of other adjectives such as ' simple' , ' cheap' or ' effective' that might be preferable in a car! The Model T may have lacked some of the elegance of other makes, but there is no doubt that the main strokes were right. It was a poet (John Dryden) rather than an engineer who stated it well:

> We must beat the iron while it is hot, but we may polish it at leisure.

It is fascinating to look at the ' main strokes' in the design of the Model T. Each individual element of the car-the frame, the engine, the transmission, and so on-shows two outstanding features. The first is that there was usually a radical departure from what others were doing, or what had been done before. The exception is that some of these ideas can be seen in the Model N; some parts of its design were refined for the Model T and others were discarded. We do not have to be automotive engineers to understand that most of the new concepts were soundly based in science and engineering, and if we follow the thread we can see how the new ideas became standard practice in the industry in later years. The second feature we can see is that all of these different pieces fitted together beautifully in the whole design. This is characteristic of excellence in any design; each part complements the other and there is a unity of style. Perhaps this is true of all works of art, whether it be a painting, a musical composition or a machine; anything outstanding that is created by man will always be composed of parts that blend together harmoniously. Engineering design, while being firmly based in science and mechanics, is still an art; the harmony in the design of the Model T is there for those who have eyes to see it.

3

Structure

Today's scientists have substituted mathematics for experiments, and they wander off through equation after equation, and eventually build a structure which has no relation to reality.

(Nicolai Tesla,
Modern Mechanics and
Inventions)

THE FRAME OF a typical car of the period often consisted of two channels, joined by cross-members; the channels were shaped to accommodate four springs that sat on the axles. The purpose of the frame or chassis is to transfer the weight of the body and engine to the wheels and to keep the wheels and axles in their proper place. The arrangement probably evolved from earlier wagons and coaches and may have seemed appropriate, but there were some drawbacks. To make these curved channels one needed two sets of expensive dies, one for the left side and one for the right (or ‘ near’ and ‘ off ’ side, as the horseman and early motorist would say) . Because of the shape that had to be formed, one had to use soft, ductile steel and there would be some waste because of the bits that had to be cut off after forming the part.

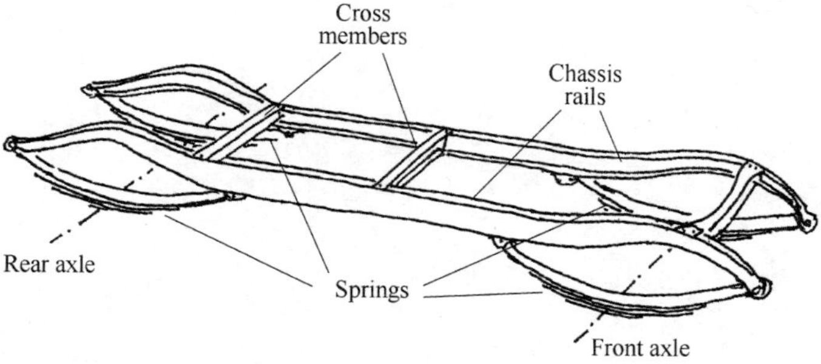

Fig. 1. A contemporary passenger car frame.

Mr Ford had a better idea. It seems to have originated in part in the Model N and was brought to fruition in the Model T. He made the rails straight, with only a slight taper at the end. They could be formed in much simpler dies and of harder steel. He used only two springs instead of four, and each spring was clamped in the centre of specially shaped cross-members. These were sheet steel pressings that were riveted to the rails and the whole was like the old-fashioned frame of a bed.

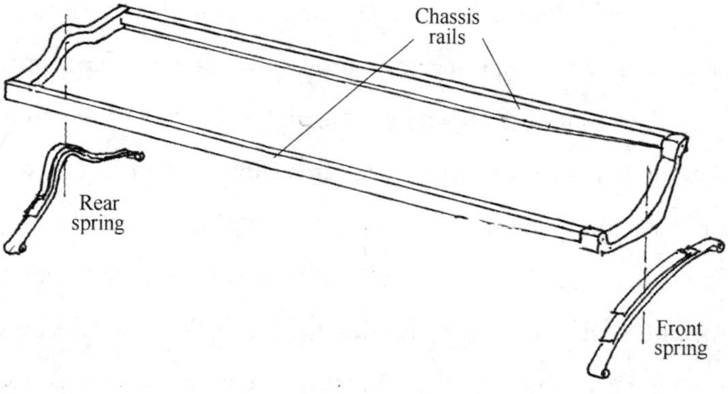

Fig. 2. Ford Model T frame.

Both of these types of frames tended to twist easily, but this was not much of a problem with the types of body then used. The frame of the body was wooden and open and could accommodate some distortion. The advantage of the Ford chassis was that because the springs were only attached at the middle of the cross-members, if the wheels were on uneven ground the racking forces induced on the frame were diminished compared with the four-spring system. The frame could therefore be simpler and lighter.

Besides these structural considerations, it is obvious that two springs will be cheaper than four, and one cannot help thinking that deep in Mr Ford' s mind was the notion that if he could make two cars out of the same number of parts that others needed to make one, it would be a wonderful advantage. This was not achieved, but the total number of nuts and bolts and other individual parts in a Model T is less than in similar vehicles. (Model T owners had an insatiable appetite for extras and accessories, so perhaps the advantage was only temporary.)

There was, of course, a penalty in cutting down on the number of springs. The frame could be lighter and endure uneven roads well, but the ride was not as smooth as other systems. Mr Ford had an instinctive knowledge of the stresses metals could take, but he also seemed to judge well how much shaking of bones his customers would endure. The verdict was that if you could get from the farm into town and back in an affordable and reliable way, then you would put up with being bounced about a bit.

The basic structure of the car was the ultimate in simplicity. It was light, strong and could not be damaged by rough roads. One can almost imagine these rails being made up, riveted together and set up on stands in the small enclosure in the Piquette plant. It must have been remarkable to see it there with the transverse springs attached. ' Elegance' is not a word that is often used about Model Ts, but there is no doubt that the Model T frame is an elegant solution to a structural problem.

4

Running gear

'The firm, the enduring, the simple and the modest are near to virtue.'

(Confucius, Analects)

THE TERM ' RUNNING gear' pre-dates the automobile and goes back to horse-drawn vehicles and steam locomotives. It refers to the wheels, axle and frame and all parts other than those that produce power.

The running gear of the Model T was different from contemporary cars and shows Mr Ford' s ability to obtain a simple and light-weight solution.

The front axle is attached to the single transverse spring by a shackle at each end. This stops the axle moving sideways, but as the spring deflects it can tilt and move up and down to a small extent. It is a simple and efficient arrangement, but by no stretch of the imagination could one suggest that it was a soft suspension that smoothed out all the bumps. It was definitely a ' hard' suspension, but had the advantage that the forces were transmitted directly and in a way that did not twist and distort other parts of the car.

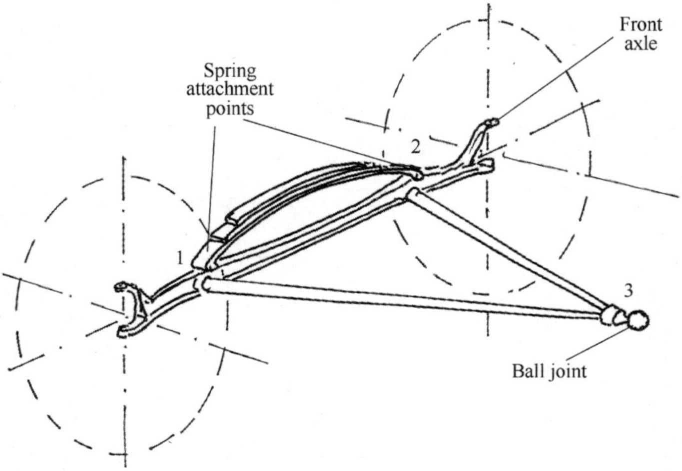

Fig. 3. Model T front axle arrangement.

The fore and aft forces on the axle were taken by the radius arms. These were tapered sheet metal tubes rigidly fixed to the axle and terminating at a ball joint located on the oil pan. A ball joint is a sphere in a cup; it allows free twisting and rotation and only transmits a force. Your leg is attached to your pelvis by a ball joint; you can swing your legs forwards and backwards and also move them apart. The ball on the top of your femur, or thigh bone, is remarkably similar to that at the end of the Ford radius arms, although, of course, the materials are different. (Many people have had this ball joint on their femur replaced by a metal sphere and a plastic or ceramic socket.)

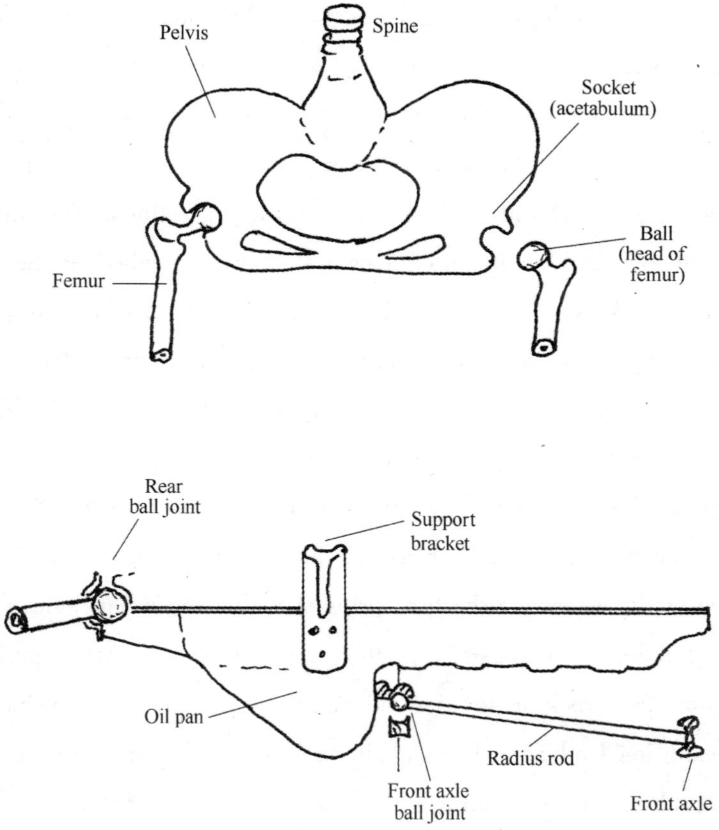

Fig. 4. A comparison of the attachment of the front and rear axle with the human skeleton.

The principle behind this axle attachment is one that Ford used several times, namely '3-point location'. To understand the principle, think of a three-legged stool. No matter how uneven the surface, all three legs will be on the ground and carry a load. Compare this with a chair with four legs. It's fine if it is on a smooth, flat floor, but if one leg is on the corner of a thick carpet and the other legs are not, the legs will carry unequal weight and the frame of the chair is subjected to twisting forces that can damage it. For this reason, dining room chairs, no matter how well made, are likely to become a bit loose after a family has grown up with them, while a three-legged stool will often survive several generations. The Model T front axle is like the three-legged stool and attached at the two spring shackles (' 1' and ' 2' in Fig. 3) and at the ball joint (' 3'). The rear axle was designed in a similar way; its ball joint was at the end of the transmission housing, or oil pan. The shaft driving the rear wheels passes through this ball joint, and in addition to the radius rods there is a central tube that takes up the reaction forces generated in the back axle. The rear axle assembly also has three-point suspension-the two spring shackles and a ball joint. The design objective was, as always, to obtain simplicity, light weight and freedom from racking stresses induced by other parts of the vehicle. An additional advantage was obtained in assembly; each sub-assembly, such as the front and back axle, could be attached to the chassis using the minimum number of bolts. It is likely that when Mr Ford designed the Model T in the small corner of the Piquette Avenue plant he already had in mind the moving assembly lines that came later.

When we see pictures of cars up to their axles in mud, or in sand in the desert, and think of the forces involved in pulling them out, it is clear that the system worked well and that other parts of the car were not strained as result of working against each other. The car could stand a fair amount of abuse, but its design was such that it survived better than anything else. Because the design was in the hands of a few people and Mr Ford kept the whole concept in his mind as the parts evolved, the different elements work together harmoniously without introducing unnecessary stress. Nowadays cars are designed by a number of groups-drive train, suspension, body groups and so on. Each group may pay more attention to the working of its own part than to the overall vehicle and sometimes integrity is lost. There is of course a problem in that modern products are, of necessity, more complex than before, but if an organisation does not have the courage to appoint a chief designer or the management lacks the understanding of how the designer functions, the end result will never be as good as it might be.

The Ford front axle appears spidery and insubstantial when compared with contemporary designs. It does not look strong enough. It is reported that Mr Ford examined some of the engine parts of European cars and wondered how they could be so slender and not fail. He was told that they were made of high-strength, heat-treated steels and this gave him the idea that structural parts in his cars such as axles might be made of stronger steel and thus save weight. The steel would not only have to be strong enough so that the axle would not bend when the car hit a big bump, but it must also withstand constant vibration without fracturing through what has become known as ‘metal fatigue’.

Using high stresses was not possible with the simple ‘plain carbon steels’ being produced in America and it was suggested to Mr Ford that he try a low alloy steel. Steel, by definition, is iron strengthened with a small addition of carbon. Other elements are often added to produce so-called alloy steels. In Europe in the 1900s, higher strength forging alloys containing small amounts of manganese and chromium had been successfully developed. The strength of these steels was perhaps twice that of low carbon steels and the metallurgy of making and heat-treating them was well known, particularly in England. Contemporary accounts suggest that the United States steel industry was unaware of this development, but this is hard to believe. It may well have been that the automotive industry had not demanded such steels and the steel companies were reluctant to take the risk and expense of producing them if the demand was not established.

The story has been told many times about the English metallurgist, J Kent Smith, who travelled the country, presumably on a private venture, to see if he could interest American industry in the new steels. Mr Ford was the first person to see the need, and more than that, he went to considerable trouble to encourage the United Steel Company's plant in Canton, Ohio, which had first produced trial samples for Kent Smith, to make ingots from which Model N parts could be produced. This was no small task, as steel-making was then an art rather than a science and innovation involves high risk. The results of these experiments were so successful that it was clear that considerable weight savings could be achieved using high-strength forging steel for crankshafts and axles in the Model T. Sorensen, many years later, recalled Mr

Ford' s comment: ' Charlie, this means entirely new design requirements, and we can get a better, lighter and cheaper car as a result of it. '

The primary strengthening elements in the high-strength steels were manganese and chromium, but some additional benefits could be obtained by adding vanadium. This is a secondary alloying element, but Ford gave much publicity to the virtues of its ' vanadium steel' . It is true that the use of high-strength forging alloys led to an enormous reduction in the overall weight of the vehicle, but it is not clear why the word ' vanadium' should have been given such prominence. Other alloying elements contributed more to the strength, and the amount of vanadium used was small. Perhaps the reason was that the word has a good ring!

The term ' vanadium steel' became widely used, and C L Hayward stated in 1929:

> VANADIUM STEEL-Straight vanadium steel is sometimes used but the element is used more in conjunction with chromium. ... Chrome-vanadium steels contain 0. 7-1. 4 per cent Cr and 0. 14-0. 25 per cent V. Such steels have a high resistance to fatigue failure and are often employed for automobile axles, springs and other parts subjected to alternate stresses.

The interesting word here is ' often' . Hayward was writing 20 years after the design of the Model T, and by then the use of these steels was widespread. The concept of using high-strength steels that originated in the Model N and came to fruition in the Model T was a significant milestone in the history of both the automobile industry and steel metallurgy in the United States. What Mr Ford introduced in 1906 became commonplace by the 1920s.

5

Engine

'It was a miracle of rare device.'

(Samuel Taylor Coleridge,
Kubla Khan)

THE FIRST TEN years of the 20th century were a time of considerable experimentation for the automobile industry. Many different vehicles were offered for sale, ranging from a mail-order Sears buggy at $400 to large cars at more than $5000. In 1906, Ford' s Model N car of 15 horsepower with, according to Sorensen, an advertised price of $500, was a practical vehicle and became popular. It had a four-cylinder engine and, like many of the engines of that period, would seem strange to us now. The cylinders were cast in pairs and bolted to a crankcase; the valve gear was external. It was fun to see levers bobbing up and down, but the gear required frequent oiling and was exposed to the elements.

The Model T engine, by contrast, must have looked unusual to people in 1907 when it was designed; twenty years later many engines were of similar appearance and the world had caught up. Mr

Ford chose four cylinders for the Model T; in a four-stroke engine, this is the smallest number of cylinders that allows reasonable balance and even firing. The number of cylinders may have been the same as in the Model N, but the arrangement of the engine was radically new. It has to be said, though, that it was not so much a matter of invention, as of brilliant adaptation of things already known. In design, novelty for its own sake is no virtue; finding the most suitable mechanism is. Considering the rapid pace of development at the time, it is remarkable that Mr Ford picked so many winners.

The basic elements of an engine are a piston going up and down in the cylinder block and connected to the crankshaft; the piston sucks in the mixture of air and gasoline on the first stroke, then compresses it on the second and upon combustion the hot gas forces the piston down, which drives the wheels. The piston then expels the gas and the cycle repeats; such an engine is said to be a four-stroke one and most engines now operate on this principle.

It is unfortunate that the laws of physics, as enunciated in the early 19th century by the French engineer N L S Carnot, dictate that less than a quarter of the energy in the fuel drives the car; the rest is lost in the exhaust gases and in the heat that must be removed by cooling the engine. The piston and cylinder block unit are a little like your heart and lungs. They draw in the air and fuel, build up pressure and push out the exhaust gas through specially designed passages and under the control of valves. The cylinder block is like a large piece of Swiss cheese with passages for the gases and chambers for cooling water to circulate. The earlier designs, with the sides

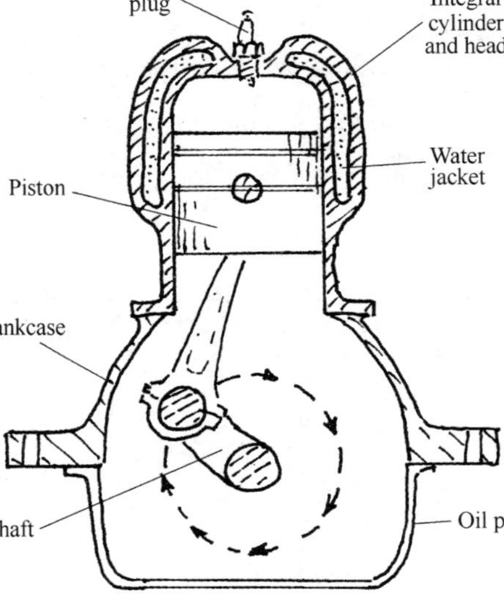

Fig. 5. An engine with an integral cylinder head.

and end of the cylinder all in one piece, were complicated to machine, particularly in accommodating the valves and their seats.

The Model T was the first large-scale production engine to separate the cylinder head from the cylinder block. This vastly simplified manufacture. It was easy to machine the places for the valves and pistons, and the cooling-water passages could be much better shaped. The disadvantage was that one had to make a gas-tight seal between the two parts, which necessitated a good gasket and careful bolting.

The great advantage of separating the head lay with the ease of manufacturing the block. While the credit for the strategy must be given to Mr Ford, the fact that it worked so well is due to the skill of

Charles Sorensen. He was probably the greatest foundryman of the 20th century, and the fact that he worked with Mr Ford was one of those pieces of good fortune for which the United States can be grateful. He perfected the technique of casting the cylinder block and did this at a time when there was very little precedent.

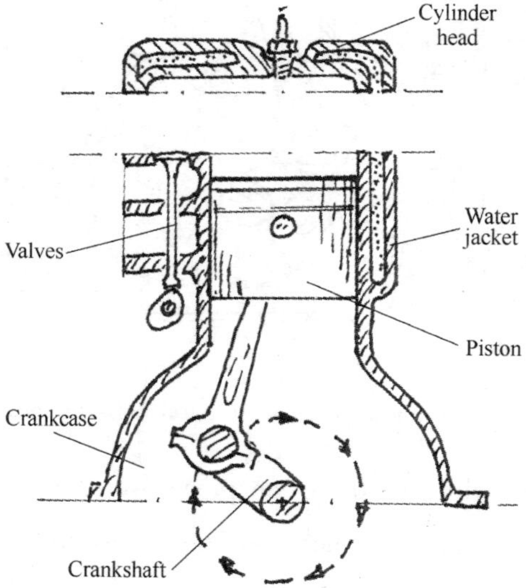

Fig. 6. Model T engine showing the separate cylinder head.

The outside shape of a casting is achieved by a mould in which 'green sand' is packed around a pattern. The pattern is then removed and the two halves of the mould form the cavity into which the metal is poured. If internal passages are required in a casting, as in a cylinder block, 'cores' are placed in this cavity. These are made of a mixture of sand and clay that is baked to make the core strong. There are considerable forces on these cores during casting. If you take a beach ball into the water and hold it under the surface, you will notice the strong buoyancy force. The same applies to a core when it is surrounded by molten metal, except that the metal is about seven times more dense than water and the force seven times as great. The trick is to make the core strong enough to withstand the forces of the liquid metal, but weak enough to be shaken out after the metal has solidified. Considerable skill is required to locate these cores so that the walls of the casting are of uniform thickness and to ensure that the passages are well shaped for the gases and water to flow. Proper placement of the cores is difficult with an integral head; the detachable head obviates many of the problems. It is not surprising, therefore, that detachable cylinder heads are now universal; it is often forgotten that Mr Ford and Charles Sorensen were responsible for this change.

There is a curious story attached to the matter of cooling water circulation in the Model T engine. At the time the engine was designed, a water pump was almost always used in automobile engines to force the water around the cylinders and through the radiator. The first few thousand Model T engines had such a pump, but it gave trouble so it was decided to do without it. It was discovered that with the detachable cylinder head design, the passages for the water were so good that the engine could be cooled by ' natural circulation' without the need for a pump.

The principle is that the water becomes hot as it cools the engine, and because it is less dense, it rises to the top of the radiator. Air passing through the radiator cools the water, making it more dense, so the water sinks to the bottom and then enters the block again. Practically all other designs which did not have a detachable cylinder head had such tortuous water passages that a water pump was needed.

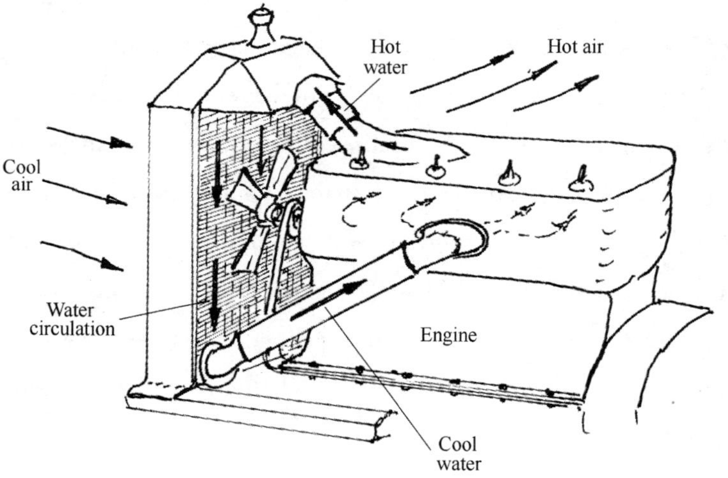

Fig. 7. Natural circulation of cooling water.

This is again an example where good design reduced the number of parts and the complexity. However, the Model T did run quite hot, and as the water in the radiators tended to evaporate quickly, drivers were accustomed to look out for water-troughs to give the engine a drink at frequent intervals. (We forget nowadays that water-troughs used to be very common, as horses needed to drink as they went about their work in the streets and highways.)

The Model T cooling system is simple, but it is not quite as simple as an engine that was very popular in China until quite recently. This engine powered a tricycle that was the utmost in simplicity, but at the same time highly dangerous. It consisted of a flat tray on two wheels jointed at the front to a single wheel and engine combination. The driver sat on the tray and steered the vehicle by turning the front wheel and engine about a pivot rather as a child steers its tricycle. The engine had a single cylinder inside a jacket of water and this was open at the top. The cylinder heated the water which steamed away and needed constant replenishment. The whole thing was like a mobile tea-kettle. At one time, these vehicles were all over the country. Mr Ford would have delighted in the practicality and economy of the machine, but it was not very safe and they have now been replaced by more conventional trucks.

Another feature of the Model T engine was that while the cylinder head was separated, the crankcase became an integral part of the cylinder block. In previous engines, the cylinders were separate castings bolted to the crankcase. Combining the crankcase and cylinder block meant that the rotating parts of the engine were located in a single casting. The pistons, connecting rods, crankshaft, camshaft and valves must be precisely aligned, and the Model T arrangement was ideally suited to the mass production techniques that followed. A contemporary writer, V W Pagé, outlined some of the advantages:

> A method of construction which is attracting some attention at the present time ... is a four cylinder motor in which the four cylinders and the top half of the crankcase are cast together, but it employs a separately cast head member which is common to all cylinders. ... The advantage of this construction is that it permits ready access to pistons

> and valves without dismantling the entire motor as is necessary when the conventional form of cylinder casting is employed.

The designers of the Model T were not only masters of their own craft, but they understood how the parts would be machined and assembled. Unfortunately much of this integration of knowledge and experience is lost today, and it is rare to find designers who have a comprehensive background in materials, design and manufacturing. But perhaps we need the biblical warning: "Do not say, ' Why were the old days better than these?' For it is not wise to ask such questions. " (Ecclesiastes 7 : 10)

When the pistons, crankshaft, valves and cylinder head were attached to the cylinder block, one almost had a complete engine, except for something to contain the lubricating oil; in other vehicles, this was done by a pan or sump attached to the crankcase. Another requirement was some means of mounting the engine in the chassis. Almost all other cars had four arms extending from the crankcase which were bolted to the frame. This must have given some trouble as many cars had an additional sub-frame between the engine and the chassis. The only reason one can see for this arrangement of attaching the engine at four points is that automobile engines were developed from stationary engines used to power pumps and farm machinery. On the farm, these were bolted down to large blocks of stone or concrete, or to heavy pieces of timber.

When problems arose in bolting the engine to the car chassis, some designers may have thought that the forces produced by the engine were the problem, but they were not. The crankcase was inevitably a rigid piece of metal that would not distort easily; it was attached at four points to the vehicle frame which was flexible and would twist on bumpy roads. Connecting stiff components and flexible members is unsound structural engineering that will give rise to excessive stresses. In addressing this problem, Mr Ford came up with an entirely new idea. In the Model T, the key to the solution is a large sheet-metal stamping, almost like a small bath-tub. This is usually called the transmission housing, although it is much more than that. This pan is formed from moderately heavy sheet metal; it comes to a point at the front and this rests on top of the front spring. Further back, it broadens out to surround the flywheel and to form the lower half of the transmission case. At the rear end, it is shaped into a spherical housing for the attachment of the rear axle assembly. This housing or oil pan holds oil for both the engine and the transmission. Near where the housing is widest, brackets are riveted on each side and attach to the chassis.

The Model T solution is quite remarkable. Instead of thinking of the oil pan as a separate item that was bolted on just to contain the oil, a host of functions was performed by this sheet-metal stamping that also contained the oil. The most important function was to support the engine and locate it in the chassis. Again the principle of the three-legged stool was used; two brackets (1 and 2 in Fig. 8) attached it to the chassis rails, and it is bolted to the front cross-member at a trunnion (3) that transfers the weight directly to the centre of the front spring.

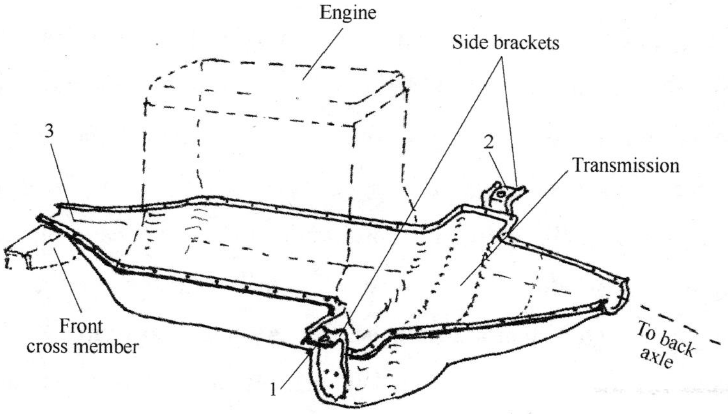

Fig. 8. Oil pan and transmission housing as the central structural element of the vehicle.

The cylinder block was bolted to this housing, and while the transmission or gearbox was mounted on the engine flywheel, the output shaft needed support that was provided by the spherical joint arrangement at the rear end of the housing. The ball-joints locating the front and back axles were mounted on this stamping so that the forces of the wheels and axles were brought to a single strong housing. The arrangement was such that no matter how the axles or the chassis twisted, no racking forces could act on this housing. This single piece of metal did so much and was ideally suited to large-scale production; big presses operating at perhaps 20 strokes a minute, day and night, could make these housings in prodigious numbers. It has already been pointed out that this housing was the key structural element of the car and in many ways resembles the pelvis in your body. No man will ever design a structure as wonderful as our skeleton, but among man-made artefacts, this stamping has to rank highly.

Nobody knows how this design feature came about. Mr Ford must have thought through the basic problem and perhaps having the right people working together and sharing their ideas produced the idea spontaneously. Charles Sorensen tells an interesting story about finding the man who could press the part. A plant in Buffalo, the John R Keim Mills, was making the bases for telephones, which in those days were heavy, free-standing devices rather like a bedside lamp; the bases were stamped out of sheet metal. The manager, William H Smith, noticed that although these parts were much smaller than a typical car rear axle housing, they were of similar shape. He approached Mr Ford to see if he would participate in trials to press axle housings in a similar way; Mr Ford was impressed and as work progressed, they realised that considerable cost and weight savings could be achieved by replacing a number of castings with sheet-metal pressings. They also realised that the combined transmission housing and oil pan for the Model T could be made in this way. This development of sheet-metal pressing or stamping was so successful that Ford bought the company, and it was the beginning of sheet-metal stamping as a major feature of automotive manufacturing in the USA and later the rest of the world.

The tooling needed for a sheet-metal pressing is expensive, much greater than the cost of patterns for a casting. To make a simple stamping such as a car door may require three or more presses in line, each with a costly die set that can only be used for that one part. Obviously the cost per part to pay for tooling depends on the number of parts produced. Mr Ford was one of the first to see that even if a die cost $10,000, it was cheap if it made a million parts. One has to admire the courage of Mr Ford in planning for success with the Model T, and the success was much greater than even he anticipated.

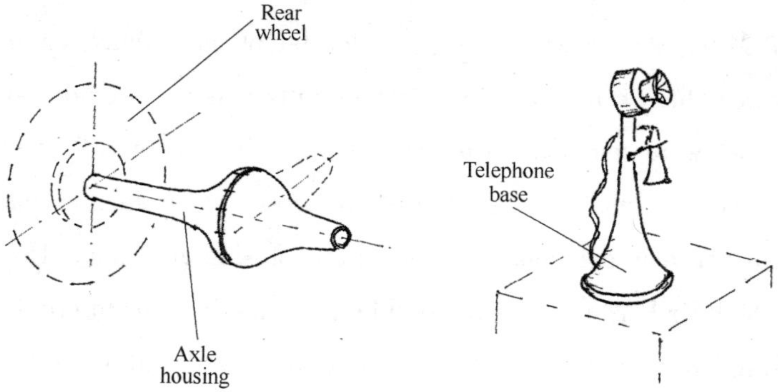

Fig. 9. Rear axle housing (left) and its resemblance to a contemporary telephone base.

The many functions performed by the Model T transmission housing are a clear indication of the skill of the design team. The simplicity of the arrangement is such that it has been widely copied. Many vehicles today have the engine and transmission as a self-contained unit mounted at three points, but it took some time for the industry to learn. Some vehicles built at the same time as the Model T show poor understanding of how to mount an engine; the worst examples suggest cobbling up a stationary farm engine with a set of wheels without too much thought.

The Model T engine was quite large, about three litres capacity and rated at 20 horsepower. Because of the design, the overall vehicle weight was low, about 1200 lbs (approximately half a ton). This was a remarkable achievement for the time and enabled the vehicle to cope with mud or snow on country roads. There is, however, a curious thing about the engine's breathing. The size of the passages for drawing air and fuel into the engine and exhausting the gases and the size of the exhaust pipe are smaller than one would expect for an engine of this capacity. The science of fluid dynamics tells us that the resistance to flow depends on the area of the passage and the square of the velocity, i. e. if the speed of flow is doubled the resistance is four times greater. Thus as the engine speed increased, the engine began to choke itself. It is a little like a horse with a constriction in its windpipe; it can exert a great pull slowly, but in a sprint it would run out of puff. This feature must have been deliberate in the Model T to ensure that excessive wear was not caused by high speed. The car was designed to be a good horse in a tough spot rather than a fine-limbed racer.

There are other details of the Model T engine that show the clarity of purpose that accompanied the design and the economy achieved. We need to remember the circumstances surrounding the work: a handful of men, each one having an extraordinary expertise in a particular field, and a man in a rocking chair, watching, prodding and above all *thinking*! As Mr Ford is reputed to have said:

> 'Thinking is the hardest thing known to man, which is the reason it is so rarely done.'

Charles Emil Sorensen (1881-1968)

Charles Sorensen was born in Copenhagen, Denmark, and brought to America at the age of four. His father was a pattern-maker and later assistant superintendent at a stove company in Erie, Pennsylvania. Charlie, as he was called, became an apprentice in the pattern shop at the age of fifteen and must have demonstrated considerable ability as he became foreman of the shop three years later. He was a keen and competitive cyclist, which brought him into contact with some of those early cycle champions who later became the first motor racing drivers. It was through one of these that in 1902 he was introduced to Mr Ford who wanted someone to translate his ideas into the solid shape of wooden patterns. It was the start of a long and fruitful collaboration.

Sorensen was good looking and people were naturally attracted to him even though he was a forceful character and said to have an ' explosive' temper. He managed throughout to be a good friend to all the Ford family and to stand clear of the petty feuds that often arise in large companies. He was extraordinarily gifted in the mechanical arts and, as is often the case with people in this field, he was modest and generous in his praise of others. Because of this, his contribution to American industry and ultimately to the defence of America is not as well known as it should be. In his first role as a pattern-maker he understood form and function so well that, certainly in automobile engines, all followed his lead. The Model T engine castings look surprisingly modern even now, and it was not until 1932 that the appearance of Ford engines changed with the introduction of the first high-volume production V8 engine; even here Sorensen was called in to overcome difficulties in casting practice. It is not fanciful to say that a foundryman and pattern-maker can impose a style on his castings, and Sorensen' s style was outstanding.

During World War Two, Sorensen and Edsel Ford, Henry' s only son, created the Willow Run plant that produced four-engine bombers as though they were automobiles. By 1944, the plant produced one plane per hour and, in total, over 8000 B-24s in three years.

Sorensen understood Mr Ford well and wrote about their partnership in a warm and intelligent way. Mr Ford probably had as close a relationship with him as with any person. He may have been drawn to Sorensen' s ability to attract people in a way that he could never do himself, but he also saw Sorensen' s genius for translating his ideas into tangible form and obtaining fitness for purpose and beauty of form that only a talented designer could appreciate. The world of the arts has its writers and critics who help us to appreciate greatness in painters, composers and poets; sadly, engineering is lacking in its writers and interpreters. If we had them, it is likely that the partnership of Mr Ford and ' Cast Iron' Charlie Sorensen would be one of the best known.

The Piquette plant in Detroit, c. 1906. The Model N is in the foreground.

Henry Ford on his 1896 quadricycle, photographed in 1913.

Charles E. Sorensen, whose contribution to the success of the Model T Ford was considerable.

Workers at Ford on the magneto assembly line, c. 1914.

Sources: C E Sorensen, *My Forty Years with Ford.* W W Norton, New York, 1956; Richard Bak, *Henry and Edsel.* Wiley, New Jersey, 2003.

6

Transmission

… how they will wield
The mighty frame, how build,
unbuild, contrive
To save appearances, how gird the
sphere
With centric and eccentric
scribbled o'er,
Cycle and epicycle, orb in orb.

(John Milton,
Paradise Lost)

HENRY FORD WAS not thinking of *Paradise Lost* when he employed the epicyclic gearbox in the Model T, but, as it happened, he did ' gird the sphere' with this device. The mechanical principles Ford used for the gearbox of the Model T were well known at the time, and while several other cars used epicyclic transmissions, they were not popular makes. From a mechanical point of view, the transmission was well designed, but in terms of performance, it was audacious to produce a car that had just two speeds, ' low' and ' high' . Today if you choose a manual rather than automatic transmission it may have up to five speeds; Mr Ford cut things down to the bone in providing two. To understand all of this in the context of the times, we must look at the basic need for a transmission or gearbox.

The first use of engines to drive machines was in the time of steam. If you were lucky enough to have grown up in the days of steam locomotives, you may remember being taken by your father to watch the engine or locomotive pulling the train out of the station. The pistons inside the cylinders of the locomotive were connected to the wheels directly by massive pieces of steel, and when the driver opened the valve, the wheels turned.

Gasoline engines, unlike steam engines, produce no force when they are stationary so they must be started without being connected to the load, and the power is applied gradually to the load by means of a ' clutch' . This is usually a friction device that is slipping at the start and slowly engaged. For an engine in a car, we also need to be able to change the ratio between the speed of the engine and the speed of the wheels. To climb a hill or accelerate, the engine must run fast to produce greater power while the wheels turn relatively slowly; on the flat, we need a higher ratio between the wheels and the engine. Thus all vehicles need a transmission having these elements-a clutch and a speed change.

The first cars were an adaptation of the existing arrangement for a stationary engine that drove some kind of machine or ' load' . On the farm, the load might have been a threshing machine, a pump or a chaff cutter.

The most convenient way of connecting the engine to the load was to use a leather belt. If the load had to turn slowly, a small belt pulley was used on the engine and a larger one on the load. Unless it was a steam engine, the engine had to be running before engaging the load, so the belt was allowed to slip while the engine was started

Fig. 10. Steam locomotive drive.

and then gradually tightened to transmit the power. Mr Ford used exactly this principle in 1896 when he built his quadricycle; there were two pulleys of different diameter driven by the engine and two pulleys on another shaft connected to the wheels. The engine could be started with both belts slipping, and to move the vehicle a jockey wheel tensioned the slow-speed belt. A lever was provided for this, and when the vehicle had gained speed, the lever was moved to release the jockey and engage another to tension the high-speed belt. This was an excellent system, and very similar to almost all the first gasoline-powered cars, whether they were built in the USA or Europe.

Any person brought up on a farm knows that it takes a lot of belt

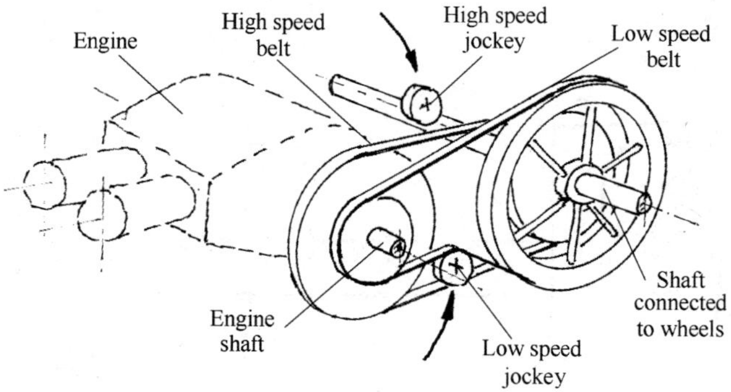

Fig. 11. Quadricycle transmission.

to transmit a modest power and belts also have a habit of stretching, wearing out or slipping off the pulley. As cars progressed, a more positive transmission was needed. Gears, if properly designed, are capable of transmitting power very efficiently, and by having gears of different size we can get different speeds. In the early days, the problem was how to change the ratio while the car was running along. The solution, which was not very good, was to disengage one pair of gears and move another set into engagement; this was known technically as a ' sliding mesh' gearbox.

The problem was that if the gear teeth were not moving at a matched speed when they were brought together, there was a terrible noise and the teeth could be damaged. ' Clashing the gears' , as it was known, was the bane of every novice driver. The alternative was a ' constant mesh' gearbox where the different sets of gears were permanently in mesh and were engaged by selecting one of a number of clutches. Gear boxes of this type had been used in Europe, but they were heavy and expensive. Mr Ford must have realised that if one

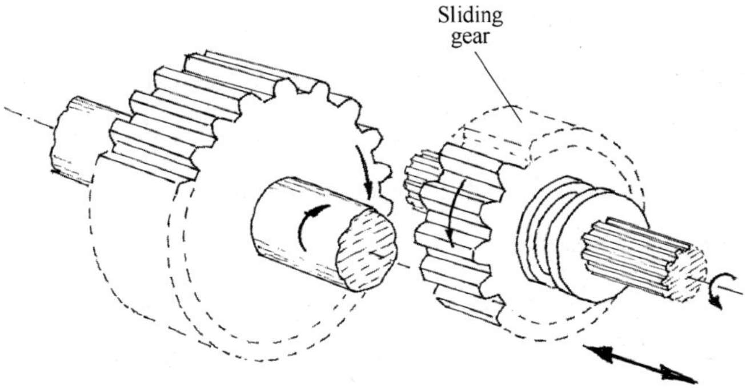

Fig. 12. Sliding mesh gears.

was content with a two-speed transmission, it was possible to have a constant mesh transmission that was cheap and easy to operate; it was a deliberate choice that turned out to be right at the time.

A modern driver taking the wheel of a Model T will be alarmed by the experience. He will find the low gear too low and the high gear too high, and the transition between each speed will take the breath away. Perhaps we have become soft and this only shows how much car design has progressed; it does not diminish the appropriateness of the original design. Indeed, if a person had never driven a car before, it must have been easier to learn with the Model T than with competitors' cars that had sliding mesh gearboxes.

Many people know that the Model T had epicyclic gearing. An epicycloid is a geometric curve generated by one circle rolling on another. Today students do not study classical geometry, which is a pity because it is full of wonderful ideas and some beautiful curves with names that go back to antiquity: the 'evolute' and the 'hyperbola',

as well as 'cycloids' that have in their family both epi-and hypo-. 'Epicyclic' is a bit of a misnomer when applied to gearing; perhaps the term 'planetary transmission' is better. According to A L Dyke, 'It is called a *planetary transmission*, from a fancied resemblance between the triple gears around the central shaft and the motion of the *planets around the sun*.'

Such a gear train consists of three parts: a central 'sun' gear, a set (usually of three gears) known for obvious reasons as the 'planet gears', and an outside 'ring gear'. It is possible to get several speed ratios out of such a device depending on which gear is the input drive, which part is held stationary and which is the output. The beauty is that all gears are permanently in mesh and this avoids the 'clashing' problem.

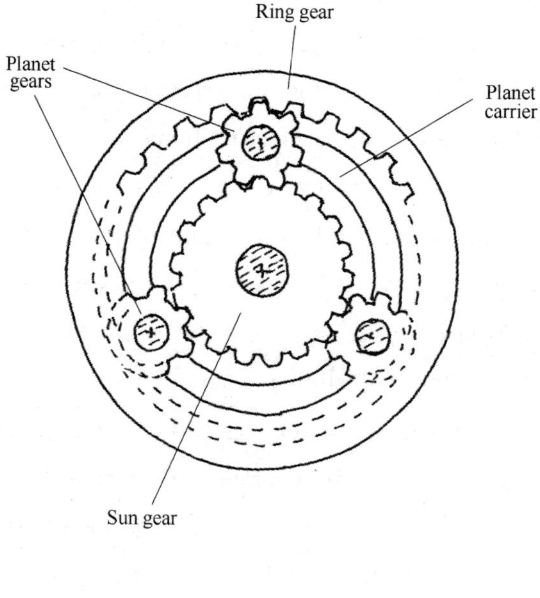

Fig. 13. Planetary gear train.

Mr Ford did not have a complete epicyclic gear train, but his transmission had three sun gears and three sets of planet gears (nine planet gear wheels altogether), with each planetary cluster riveted together and rotating on pins on the flywheel. There were no outer ring gears. In the Ford epicyclic gear system, one part is permanently connected to the engine and another part is fixed to the rear drive shaft connected to the back axle; in between are the gears, which are in constant mesh with each other. If these are allowed to spin freely, no drive is produced so that the car is in neutral. To select a speed, one of the gears is held stationary. This is done by connecting it to a drum; around the drum is a friction band and when this is tightened, that particular gear becomes stationary and the desired speed is obtained. There are two such drums. One is for low speed and the other for reverse.

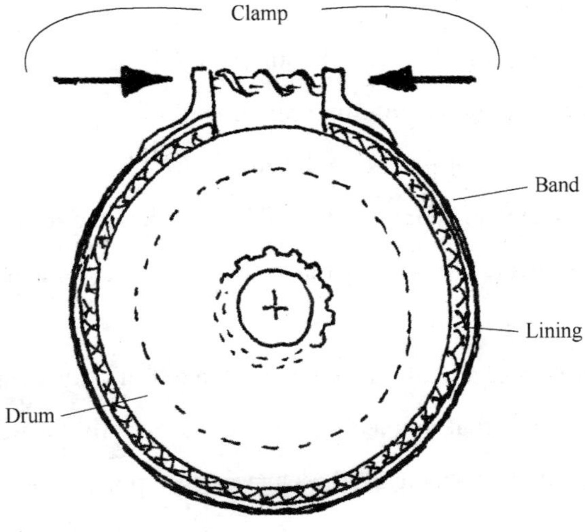

Fig. 14. Transmission drum and band.

The workings of the gearbox are a little difficult to understand even when one has all the parts to look at, but the principle is clear. Imagine you have a heavy weight that you wish to skid along the floor. If you use a piece of wood as a lever with the stationary pivot, or fulcrum, at the end and the weight between your arm and the pivot, then the force on the weight is magnified and the weight will move at a slower speed than your hand. This is similar to the ' low speed' with your hand being the engine, the weight being the back wheels and the pivot that particular gear held stationary by clamping its drum. Now if you change things so that the fulcrum is between your hand and the weight, the weight will be moved in the reverse direction and this resembles driving in reverse. The gear ratio depends on the relative distance between the pivot and the weight and the pivot and your hand.

Each band around a drum was connected to a foot pedal on the floor in front of the driver. The one on the left applied the low-speed band; by pushing this the car moved off in low gear and you had to keep your foot on the pedal to stay in low. (Your foot might get a little warm on a long hill.) The middle pedal tightened the band on the reverse train and the right-side one was a transmission brake.

One more mechanical device was needed in this transmission. This was a clutch that connected the engine directly to the rear drive shaft; when this was engaged, the car was in top gear and all the other gears and drums were left free to rotate. The clutch was operated by the hand-brake lever on the outer side of the driver. When the le-

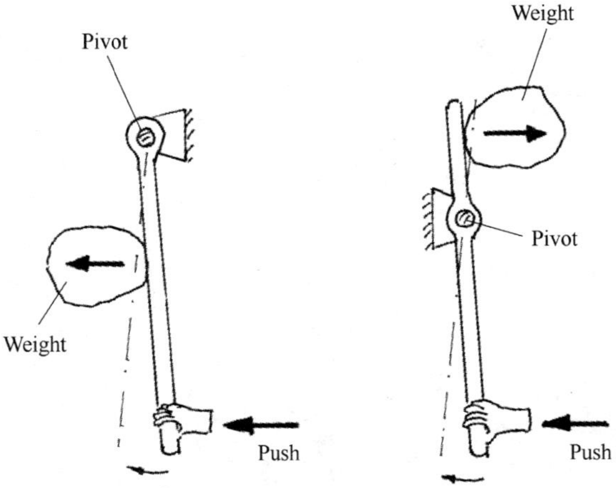

Fig. 15. Moving a weight forward or backward with a lever and fulcrum.

ver was fully forward, the clutch was engaged; pulled half-way back, the clutch was disengaged and pulling further back applied the brakes on the rear wheels. Obviously the clutch should not be engaged when either the low-speed or reverse drum was clamped because the gears would then be working against each other. To make this less likely, the low-speed foot pedal was designed so that pushing it half-way down disengaged the clutch. Model T drivers learned that this was an easy way to put the car in neutral, just as the modern driver will push the clutch pedal all the way to the floor to be in neutral. The difference, and it can be important, is that in the Model T, if you push the pedal all the way to the floor you go forward in low gear and if you take your foot off, you are in high gear. It' s essential to remember this if you want to stay in control. Model Ts do have a habit of moving forward or backwards inadvertently. On a farm, you learn not to stand behind a horse or in front of a goat; with a Model T, the only safe place is at the side!

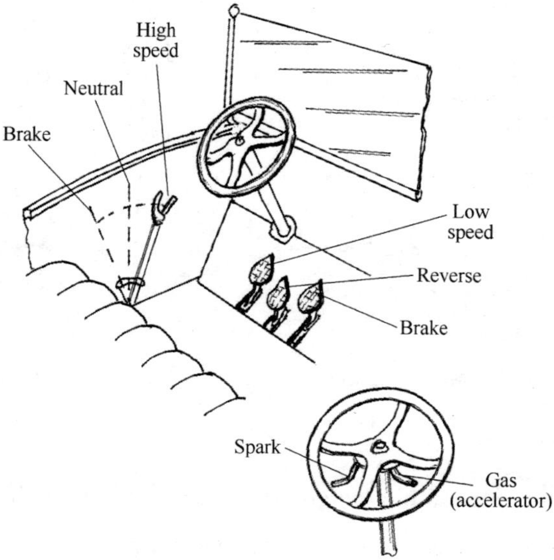

Fig. 16. Controls of the Model T Ford.

There is a third pedal on the floor of the Model T that operates the foot-brake; this was rather important and will be described later. Because the controls of the Model T are quite different from a modern car, driving one could be a challenge. In addition to the three pedals on the floor and the hand-brake lever, there were two controls on the steering column; one, the ' gas lever' , operated the throttle, which served the same purpose as the accelerator on the floor of a modern car; the other adjusted the spark timing. Nowadays spark timing is controlled automatically, but in the early days one had to retard the spark at low speed and for starting. To drive the car off, one had the hand-brake lever half-way back to be in neutral, pressed the low-speed pedal to move forward in low gear, while giving the engine a bit of gas with the steering column lever. An engine speed of 1000 revolutions per minute (rpm) gave a speed of about 9 miles per hour (mph) when in low speed.

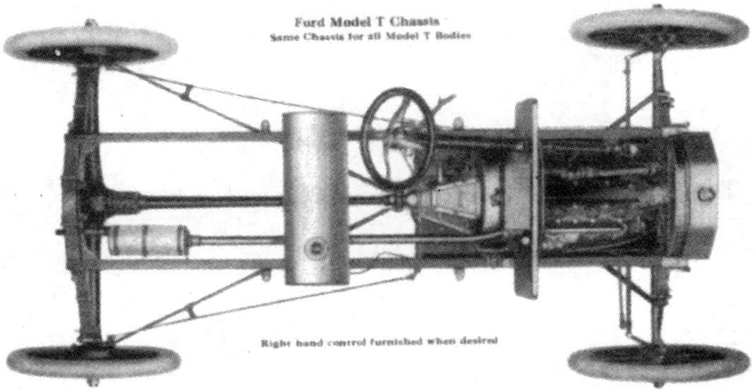

The Ford Model T chassis. (Ford brochure, 1912.)

The engine of a Model T Ford.

The Ford Model T Fore-Door Touring Car. The front or ' fore' doors can be detached. (Ford brochure, 1912.)

The Ford Model T Commercial Roadster. (Ford brochure, 1912.)

Now putting the hand-brake lever fully forward and taking one' s foot off the low-speed pedal engaged top gear, and for 1000 rpm the speed was about 25 mph. The difference between the gears was so great that the driver learned to adjust the gas lever while changing. If the engine 'chugged' a bit while trying to pick up speed, the spark lever would be moved with the other hand to retard the spark until the engine ran faster (all the time remembering to use both hands to steer the car). There was clearly a great deal for your hands and feet to do, and you might even need an additional hand to press the horn button to warn those ahead to keep out of the way. Perhaps in the days of the horse and buggy, people were more adept with their hands and could manage the reins, the whip and the brake lever with ease. Mr Ford knew all about horse-drawn vehicles and the requirements of life on the farm, and he must have had a sound understanding of how people would make the transition to motor vehicles. History shows that they managed the Model T well.

To stop, one pulled the hand-brake lever half-way back to disengage the clutch and then pressed the foot-brake pedal. To reverse, one pressed the middle (reverse) pedal, and as the speed in reverse for 1000 rpm was only 6 mph, it was easier for the car to climb a steeper hill backwards rather than forwards. This was fortunate. The fuel tank was located under the seat and petrol ran by gravity to the carburettor. If the hill was too steep, fuel did not reach the engine with the car facing uphill and it stopped. The Model T driver learned to reverse up very steep hills not only because of the low gear, but also to ensure the petrol reached the carburettor. There is a story that all this was deliberately contrived because in going forward up a very steep incline, the oil in the sump may not reach the front bearings of the engine and they might melt. Going backwards eliminated this danger, but whether this was a clever ploy or a happy accident, we do not know.

The foot-brake pedal operated a band on a drum similar to the low-gear and reverse drums. Its drum was connected permanently to the rear drive shaft and thus rotated more than three times faster than the back wheels. By the standards of the day, it was very powerful. In physics one learns that 'power' is the work done in unit time and everyone is familiar with 'horsepower' as a unit. The more scientific world uses the 'watt' as the proper unit, but elderly engineers will recall doing calculations of power in 'foot pounds force per second', and if their memories are good, they know how many 'foot pounds per second' are in a horsepower. In those days, the 'pound force' was a unit of force and 'foot per second' is a measure of speed, so that 'power' can also be thought of as the force applied multiplied by speed.

It is interesting to think of 'power' in terms of force and speed. The engines of a jet plane are enormously powerful, and while it may not take much force to pull a plane through the air in level flight, the force is acting on a body moving at a very high speed and hence a large power is required. A locomotive pulling a train also has an extremely powerful engine; it must generate a much higher force to pull the train and can do this with the same power as the jet plane because its speed is lower. Textbooks used when the Model T was designed have all kinds of strange units such as the 'foot-pound-force per second'; they were units that arose from practical experience. Students today learn physics and mechanics using a more refined system of units that avoids all the confusion of 'gravitational' and ‘absolute units’ that were in use before; they are much more likely to obtain an answer to a calculation that is correct, except that the decimal point is in the wrong place. To be out by a factor of 10 or 100 does not look too bad in a student exercise, but in the real world it can be a disaster. The reason that students will not spot these alarming errors is that they do not have a feel for the units and the quantities they represented. Many of the older units arose from familiar use; for example, the ‘pound-force’ is the force needed to lift a mass of one pound, and if you were used to carrying a pound of butter, you knew what this force felt like. You would know that you could exert this ‘1 pound-force’ with one finger, whereas ‘100 pounds-force’ would take both arms. Ask a student today to push against your hand with a standard force, which in the modern system of units is the ‘newton’, and you will get a blank look, or worse.

A brake on the drive shaft is called a ‘transmission’ or ‘Cardan-shaft’ brake and was not uncommon when the Model T was designed. It had some disadvantages that Mr Ford cleverly overcame. He knew nothing about modern units, but he certainly knew that a brake acting on a rapidly rotating shaft would be powerful. He would also have known that power is not only force multiplied by speed, but it is the rate of doing work, and as that work is converted into heat in a brake, the power is also the rate of heat generation. Such a brake had a habit of overheating and burning out, but by placing it inside the transmission housing alongside the reverse and low-speed drums, Mr Ford ensured that it would be flooded with and cooled by the same oil as in the engine. The flywheel with its protruding magnets circulated the oil efficiently and cooled the brake quite well. Once again a good design was achieved by an understanding of basic principles. Having said this, the early driver learned that it was best not to use the brake when going down a long hill, but rather to engage low gear and use the engine as a brake, thus avoiding wear on the brake band. One of the very few basic changes in design in the Model T was to increase the width of the drum and band on the brake. For the first ten years of production, the width of the band for the brake was the same as for the reverse and low-speed bands, but it was subsequently made about half as wide again as the other bands. Either the rate of wear was too great in the early design or perhaps drivers used the brake more as traffic increased.

The laws of nature have not changed over the years and motorists would be well advised to remember the basic rule of thumb for the stopping distance of a car that was given in a household dictionary nearly a century ago. Many accidents would have been avoided if it had been given more attention. (Remember that the laws of nature cannot be broken, even if you try, nor can they be rescinded by an Act of Parliament.) The mathematics are given in the box (opposite page). The important thing is that in a car such as the Model T with only two-wheel brakes, increasing the speed by 50 percent from 30 to 45 mph increases the stopping distance from 90 to 203 feet, i. e. it is more than doubled. No matter how well engineers develop brakes or improve the adhesion of tyres, the stopping distance still increases with the square of the speed. Double the speed and the stopping distance is increased four times.

Stopping Distance

The stopping distance on a dry road for a car with two-wheel braking is: $D = \frac{V^2}{10}$feet

and for a car with four -wheel braking:

$$D = 0.6\,\frac{V^2}{10}\text{feet}$$

where V is the speed in miles per hour. In the equation the velocity, V, is squared, or as is sometimes said, ' it is raised to the power of 2' . Engineers look closely at the power of a variable in an equation; if it is 2, they pay attention; if it is 3, they are more concerned; any higher power demands utmost attention.

Numerical Examples:

Speed, V mph	Stopping distance, feet	
	2-wheel brakes	4-wheel brakes
30mph	90ft	54ft
45mph	203ft	122ft

Source: *The King's English Dictionary*. British Books, London, 1920.

For the new driver, the Model T transmission and controls must have seemed appropriate. In 1912 the influential writer, V W Pagé, made the following well-balanced remarks:

> The Ford car is one of the most popular of moderate-priced automobiles and over 100, 000 of the Model ' T' are now on the road. The control system of this car is extremely simple and yet it is different from that of any other automo-

> bile. The gearset ... gives two forward speeds and a reverse motion. The conventional form of steering wheel is used to control the direction of the car travel, and spark and throttle levers are mounted on the steering column below the wheel to control the speed of the power plant. It is in the method of obtaining the various speed ratios that the control system is different...
>
> Planetary gearing is very successful when properly designed and installed, and its chief disadvantage is that it is very difficult to provide more than two forward speeds and one reverse. For this reason it can only be adapted to light cars which have a surplus of power in the engine, or to heavy trucks where it is not so essential that a large number of speed ratios be provided as in touring cars.

Modern truck drivers would not agree with this. If you listen to a large truck moving off from the traffic lights you will hear the driver changing gears six or eight times before reaching speed.

As with other perceived deficiencies in the Model T, accessory-makers had something on offer: the two-speed rear axle. This doubles the number of gears. Many of the surviving Model Ts have such an axle and it does make driving easier.

There is no doubt that in the design of the Model T transmission there are touches of brilliance that are not apparent to the driver or casual observer. In many contemporary cars, the gearbox was separated from the engine requiring a number of shafts and couplings. In the Model T, the gears and clutch were mounted on the flywheel and the output shaft connected directly through a universal joint to the back axle. The engine and gearbox could be assembled as one well-aligned unit, and compared with other designs, fewer parts were required and weight was saved. Mounting the planetary gear clusters on the flywheel meant that the flywheel could be lighter. A great advantage of designing the transmission in this way was that all the parts could be put together easily when Ford employed moving assembly lines in subsequent years. Here again, the success in manufacturing technique for which Ford was famous can be traced back to the original design.

The transmission and engine shared the same cooling and lubricating oil and, unusual in other vehicles, the most effective brake, the foot-brake, was also cooled with this oil. There was one disadvantage: if the lining on the bands become old and started to disintegrate, debris would float around in the oil. The accessory-makers quickly jumped in and offered a strainer to collect these bits, but it was not as effective as modern oil filters. An extraordinary thing about the Model T transmission is its resemblance to the modern automatic transmissions that began to appear in the 1940s. These have a fluid torque converter rather than a clutch, but they also have planetary gear trains and friction bands very similar to those in the Model T. If we stretch a point, we could even say that the Model T clutch has some of the characteristics of the modern ‘fluid drive’.

The clutch has many thin sheet-metal plates immersed in the common oil bath. When it is engaged, the plates do not actually touch one another; there is a thin film of oil separating them and this transmits the torque. We think that oil is for sliding, not for transmitting force, but the laws of tribology and fluid mechanics tell us that the force transmitted depends on the viscosity of the oil, the area of the surface, the thickness (or more directly the 'thinness') of the film and the relative speed between the surfaces. The clutch has plenty of area as there are many plates, the oil film is very thin and at the start of engagement the relative speed is high so that the force is enough to get the car rolling. As the relative speed drops, oil is squeezed out between the plates, and by the time they come together there is very little sliding and virtually no wear. (The same principle is used on the clutches of tanks and crawler tractors; they are steered by engaging the drive to the tracks on one side or the other; these clutches transmit massive torque and do not wear out.)

If we add a two-speed back axle to the Model T, we can say that we have all the elements of a modern transmission, except for the 'automatic' action; our feet, hands and brain have to supply this, but as with riding a bicycle, it becomes automatic with practice. (The learning phase with both can be a bit scary!) The car was famous for getting out of a tight spot and could be rocked back and forward easily by alternately pressing the low-speed and reverse pedals. It appealed to the novice driver, particularly one used to horses. Having said all this, it only had two speeds. It is like the dog with three legs; you may admire how well it manages, but four legs are better. This is not to say that Mr Ford was wrong. Other designers in 1906-8 used sliding mesh gearboxes, separate clutches and often more universal joints and shafts. However, they were all heavier and more costly to make, and for more than a decade the Model T sold in numbers that outstripped them all.

Looking at the transmission with the benefit of hindsight, one can only wonder at the innovation and the risks taken. It might not have worked but it did, and it justifies one of the many aphorisms attributed to Henry Ford: 'Whether you think that you can, or that you can't, you are usually right.' If you are a good designer and you think it will work well, it will. Next time someone tells you, 'It won't work', move on and find someone who will make it work. At the same time, one should be cautious of the person who, without thinking, replies, 'Not a problem'.

A fact of life with the Model T transmission is that the brake and transmission band linings did wear. However, it was not too great a problem and the Ford service manual says that they can be replaced by one man in 1 hour and 53 minutes. (The home mechanic might find it takes much longer and results in skinned knuckles and an aching back.) Some fifty years ago, several young men in New Zealand decided that a trip to the coastal city of Napier would make a good holiday. Their worldly assets consisted of an elderly Model T tourer (if a liability of this kind can be classed as an asset), some camping gear, not much cash and a surfeit of the kind of youthful expectations that tend to govern plans at that time of life. The first part of the journey was from Auckland to the geothermal resort of Rotorua and the only major challenge were the Bombay Hills, which were crossed without difficulty. By the time they got to Rotorua, the handbrake acting on the rear wheels, which had not been too good at the start, was completely useless. From Rotorua to Napier, there is a rather daunting mountain range and after negotiating this, the foot-brake was completely worn out.

The lads had the expected good time at Napier and decided that even without the foot-brake and the handbrake they could still stop the car by using the reverse band as a brake, so they set off back over the mountain range. All went well, and at one point they found themselves on a well-tended stretch of road that was quite smooth, but covered in very loose gravel. They came over the crest of a small hill and discovered why the road was so smooth-a road grader was in the middle of the road and they were going downhill towards it. The driver stomped hard on the reverse pedal; down they came with the rear wheels spinning backward and a shower of loose stones catapulted forward. Fortunately they stopped in time, but the drama of the moment was spoiled by the men in charge of the grader roaring with laughter at the terror-stricken looks on the faces of the lads as they slid towards them.

The end of the story is that by the time they reached Rotorua, the reverse band was also worn out. After some discussion, they decided that as the low-gear band was still working, they could at least slow down if not stop completely. They decided that if they were careful, they could get back home to Auckland, and so they did. The next weekend was spent relining the bands and their parents were never told a thing! In later years, however, it was a good story to tell to their grandchildren.

If we look at the transmission of the Model T, we see the same principles applied as in the design of other parts of the car. Each component co-operates with the others, it does not work against them. The parts go together in easily assembled units that are properly aligned. Each component can be made cheaply and in large numbers. The whole is compact and light in weight. The overall design was not a copy; Mr Ford made an uncanny selection of known devices that others overlooked or did not understand. Some of his concepts survive today and are so familiar that we forget their origin. Others were superseded as time went on. Mr Ford understood the needs of the time, but he did not pander to the wishes of buyers for flashiness or excessive comfort. He made up his own mind about what was right for the moment. This did not make him popular, but it enabled many people who otherwise could not afford a car to own one. It also got them to town and back, and that was the main thing.

7

Electrics

Gie me ae spark o'Nature's fire,
That's a'the learning
I desire.

(Robert Burns, Epistle to J L-k)

ONE DOES NOT need much learning to appreciate the unusual electrics of the Model T; the physical laws on which it is based are very simple. In 1906, lighting in houses was often provided by gas or kerosene lamps, particularly in rural areas. Cars would have kerosene side-lamps and headlights running on gas from an acetylene generator. There was no popular demand for electricity for car lights, but there was a need for an electric ignition system for the engine. There were two choices. One was a magneto, an engine-driven electrical device that produced the high voltage current for the spark plugs. The other was a set of high tension ' trembler coils' powered by a battery.

The magnetos on early American cars were basically of European design and it is likely that they were more costly and less robust than American users would like. It has been suggested that the electrical system on the Model N was not ideal and Mr Ford wanted to improve it. Trembler coils were capable of providing a healthy spark, but a battery would have been a bit of a problem out on a farm with no electricity to charge it. What was done was to incorporate a generator into the design of the engine. Some confusion arises, because the Ford generator was called a ' magneto' in the older books, whereas we would now call it an alternator. Whatever you choose to call it, this device gave enough electrical power at the slow speed of hand-cranking to drive the trembler coils to start the engine. This was not easy to achieve and no other low-cost car-maker had such a system.

The early Ford literature correctly describes the ' magneto' as using the Faraday system. Michael Faraday (1791-1867) was one of England' s greatest scientists and Mr Ford would have warmed to him because he was a man of humble origins who combined great intellect with practical ability. The principle of his system is that if a conductor forming part of an electrical circuit moves through a magnetic field, a current will be generated. The magnitude of the current is proportional to the strength of the magnetic field and the velocity with which the conductor moves through the field. The strength of a magnetic field that can be produced by an iron magnet is limited and the only variable available to the designer is the velocity. The part of the engine that has the highest velocity is the outside of the flywheel, which is where the Model T designers placed the magnets. A total of 16 horseshoe magnets were fixed to the flywheel with their open ends outward, and these moved past a similar number of fixed coils or ' spools'. Because the ends of the magnets where the field was greatest moved around a large circle with each turn of the engine, the relative speed between the field and the coils was high and the current induced in them, even at a slow cranking speed, was enough to generate a good spark. In comparison, a conventional magneto also contains a generator, but as the conductors in this only move around a circle possibly eight times smaller in diameter than the flywheel magnets, it is more difficult to obtain a good current.

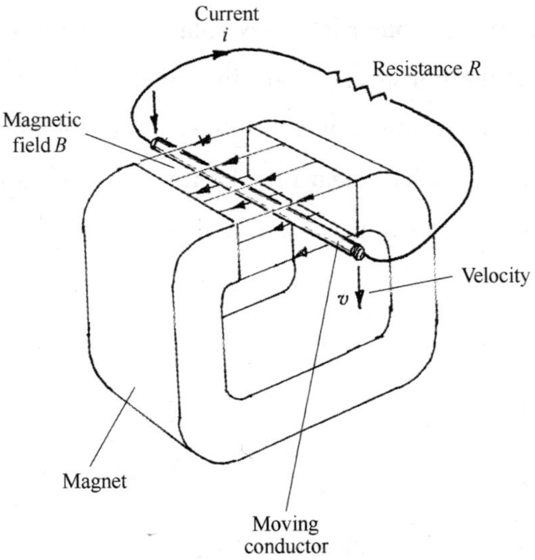

Fig. 17. Generating a current by moving a conductor through a magnetic field.

Again, the design of this part of the car shows the ability of Mr Ford and his small design team to arrive at a novel solution using well-known principles. It saved weight, avoided complexity and was easy to manufacture. They placed the business end of the magnets at the point on the engine that moved most rapidly, that is at the outside of the flywheel. Overall weight was saved, partly because there was no need for additional gears and shafts to drive the device, but also because the weight of the magnets assisted the flywheel to do its job, namely to store energy. The magnets and the cluster gears added mass to the flywheel as well as performing their other tasks. If they were not there, the flywheel would have had to be heavier and the additional mass would have been dead weight. If you can design components to do several things at once, you save weight. The magnets also performed another job; they splashed the lubricating oil out to the inside of the transmission housing, where it was picked up by a scoop and led into a pipe that ran to the front of the engine to lubricate the front crankshaft bearing. In this way oil was circulated around the engine and transmission and the need for a separate oil pump was avoided.

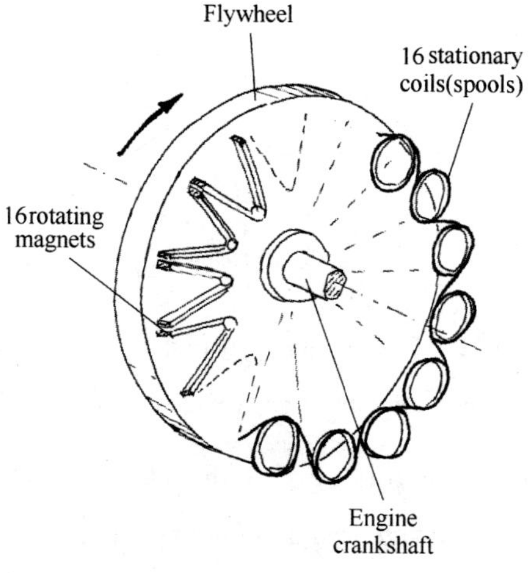

Fig. 18. Ford ' magneto' comprising magnets on the flywheel and stationary coils.

It might be said that the Ford system foreshadowed the alternator that is now the standard means of generating electricity in vehicles. Like the Ford ‘ magneto’ , the alternator has a rotating magnetic field and generates an alternating current in stationary coils. Modern electronic devices are used to rectify the current to charge the battery; these were not available at the time and the standard Model T had no battery. The current from the flywheel generator was fed to a low voltage distributor or ‘ commutator’ (often called the ‘ timer’) on the camshaft. This connected the circuit to one of four trembler coils at the point in rotation needed for the spark in the particular cylinder. The coil had a vibrating reed that interrupted the current to induce the high-voltage supply for the spark plug. The trembler coil produced a continuous spark for as long as the timer was in contact. This made a very satisfactory buzzing sound so that you knew you were getting a spark even when you were cranking the engine slowly. The contacts on the vibrating reed could be cleaned with a file and adjusted. *Dyke’ s Automobile Encyclopedia* states:

> The usual method of adjusting a coil trembler or vibrator is the rather rule-of-thumb method of screwing down the trembler screw till there is a sharp musical ‘ buzz’ obtained, and, as near as it is possible to determine, to adjust the screws so as to obtain the same note from each trembler.

This method of tuning your engine, as you might tune your piano, and adjusting things until you get a nice sound, is much more fun than connecting the engine to a computer or calling in an electronics specialist.

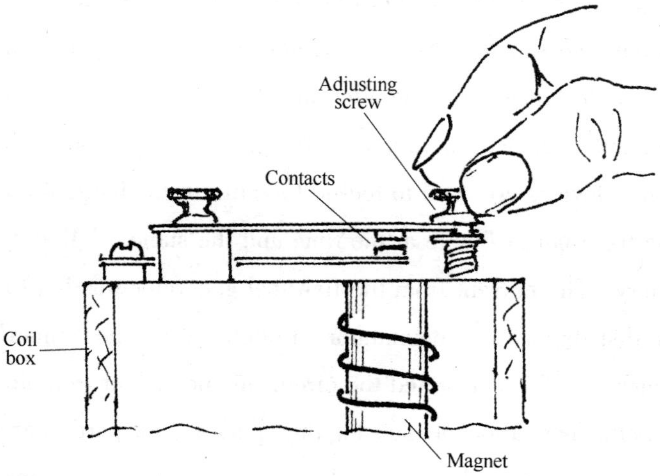

Fig. 19. Adjusting the trembler coil contacts.

The Model T electrics had great benefits in terms of cost, robustness, weight-saving and ease of manufacture, but in terms of performance, one would have to admit an inherent fault. The current supplied by the ' magneto' was not smooth but pulsed, and when this was connected via a distributor to the reeds in the trembler coils that generated the high-voltage current for the spark plugs, there was inevitably some randomness in timing the spark. This did not matter at slow speed but was noticeable when running fast. To obtain smooth running at high speed in any engine, ignition must occur at precisely the same point in the stroke of each cylinder. A good magneto, well adjusted, gave smoother running at high speed, and high-performance cars sometimes had two magnetos to improve reliability. (This is still the practice in light aircraft engines, and before take-off the pilot will run the engine up to speed, then switch off one magneto at a time to see that both are performing correctly.)

Model T owners who wished to improve high-speed performance could purchase a battery, distributor and coil to install ignition similar to the modern type. They would need to have a way of charging the battery and there was considerable outlay for a modest improvement. Looking at the original design, one can see a principle that is worth remembering, namely that ' the best may be the enemy of the good'. There was something in Mr Ford's personality that made him adamant in choosing good, plain fare over anything fancy; this made him both unpopular and successful.

Getting the car started on a frosty morning was not easy; there was no electric starter motor. If the oil was cold and sluggish there was more drag in the gearbox with its gears and brake-bands than in other types of car. It may have been necessary to drain the oil out, warm it up in a pan on the stove, put it back in and even then to jack up a back wheel to allow the works to turn freely. It sounds a bit difficult, but perhaps people were tougher then. Wintry conditions would have been well known to Mr Ford and he provided an electrical system that was clever, adequate and would work for those having enough backbone. If there were deficiencies, they were manna from heaven for the multitude of accessory manufacturers who made untold numbers of different devices that would improve, or purport to improve the basic system.

After a few years, electric lighting became popular; the existing electrical system provided sufficient power to operate a set of lights and conversion to this was easier and less costly than in other makes. Ford almost got something for nothing, although the ' something' was not all that one might wish for. David Chantrell, author of the historical work on Ford in South Australia, *Duncan and Fraser Ltd, Legacies Left Untold*, has commented:

> The first ' T' with electric headlights was in 1915. The headlights were powered off the flywheel magneto. They worked quite well, however their ' brilliance' was directly related to engine speed. The faster the engine revs, the brighter the lights. The main drawback is, if the engine stalls, out go the lights. This has proved to be particularly ' interesting' driving a black Ford after dark, broken down on the side of the road with no lights. Hence they all carried kerosene sidelights and tail light.
>
> In late 1919 Henry fitted an electric starter motor. This huge improvement necessitated a battery to drive it and the fitting of a generator to charge it, plus the installation of a two-way headlight switch, ' bright' or ' dim', and an amp meter showing charge rate. This change included dim lights to be fitted as an integral part of the headlights. The dim lights, or parking lights as we call them, allowed the kerosene sidelights to be eliminated. The tail light was now also electric. The Ford Motor Company offered the option of starter and non-starter cars right through to the end of production in 1927. So any car supplied without a starter motor and generator was supplied with magneto-

powered headlights, amp meter, and two-way switch, and also with kerosene sidelights and kerosene tail light.

At this point, the integrity of the original design was compromised, and while it can be said that these changes were necessary to maintain sales, what followed in the remaining years of production was a vehicle of increased weight that gradually became less competitive. The decline in the Model T and its eventual replacement by the Model A is another story.

Faraday Principle

The Model T electrical power source, usually called the flywheel magneto, consisted of a number of stationary spools arranged in a circle close to the flywheel; each spool had a number of turns of copper wire and the spools were connected to form a circuit. The magnets were attached to the flywheel and they produce a magnetic field in the spools. As the flywheel rotates, this field waxes and wanes and so generates the electromagnetic force in the circuit that produces the current.

Faraday' s Law of Induction states:

> ' The induced electromagnetic force in a closed loop is minus the time rate (or speed) of change of the magnetic flux in the loop. '

Mathematically, the statement is:

$$\varepsilon = -\frac{d\phi_B}{dt}$$

where ε is the electromotive force that drives the current around the circuit, in this case through the trembler coils that produce the spark for ignition, and ϕ_B is the magnetic flux composed of the strength of the magnetic field, B, and the area enclosing it, namely the area of the loop of wire, multiplied by the number of turns of wire in the loop or spool. The mathematical construction, d/dt, indicates that the magnitude of the current is determined by the speed with which the field changes in the area of wire and this is directly proportional to the speed with which the magnets pass the spool. (The minus sign is a relic of the initial convention adopted by the early physicists for positive and negative charges.)

As noted, the magnets are placed so that their speed is the greatest of any point in the engine, and the extra cleverness of the device is that it is all achieved without any additional gears, belts or shafts driving the device. The modern motorist who may have experienced loss of charge from a generator or alternator because of a broken fan belt will appreciate the simplicity, weight saving and effectiveness of the Model T arrangement.

Many school students would be able to write down the above mathematical statement. It is unlikely that Mr Ford could have done so, yet he had a firm understanding of important physical phenomena on which everyday devices depend. Further, he believed in these principles and that they could be put to use. Unfortunately, many students see this knowledge only as a mechanism for passing examinations!

8

Success

'A market is never saturated with a
good product,
but it is very quickly saturated
with a bad one.'

(attributed to Henry Ford)

THE MODEL T Ford was a success, there can be no doubt about that, but one has to say that in 1908 the outcome was uncertain. The car was different from anything that came before or after, and no amount of market research could have predicted its acceptance. Nobody knew that an automobile like this could be produced cheaply and would perform so well-nobody except Mr Ford, and even he could not have been sure.

'A thing of beauty is a joy forever,' Keats wrote, but he would not have said it of this car-although its ugliness may have ensured affection in the hearts of some. Its performance can best be described as crude but effective. One cannot escape the view that Mr Ford had in his mind a vehicle that was right for the time, but it was not what people would have wanted had they been wealthier or had the roads and the motoring conditions been better. He was rather like the frugal mother who buys sturdy and 'sensible' clothes for her children to wear. They may not be what the children want to wear, but they are clothes that will see them safely through the battles of life.

The key to the success was the design. The mechanical features of the car are interesting. There are so many elements where clear thinking and ingenuity produced simple components that could be manufactured easily, assembled into units in which all parts were aligned and these units put together quickly in a final assembly line. Good design meant fewer parts. The petrol tank was placed high up under the front seat so that the fuel ran by gravity into the carburettor and there was no need for a fuel pump. There were a few inconveniences; the passenger had to get out and lift the front cushion to fill the tank.

Another design success was the steering. Mr Ford's 1896 quadricycle was steered by a tiller as in a boat. The tiller was a long rod guided by the driver and fixed to a shorter arm so that the right leverage was obtained to steer the wheels. When steering wheels were introduced, most designers had a heavy and costly gearbox at the base of the steering column. Mr Ford used a small planetary gear set, no bigger than your fist, just under the steering wheel. It was cheap and light, but at the same time it did wear and there was usually some play in the system, but the driver learnt to live with this. (In later years these steering gears became highly sought after by builders of speedway cars.)

Initially the cars were offered in several colours, but as production built up, there was a problem in drying bodies quickly in the paint ovens. This was overcome by the edict that all cars should be black. It is true that a production system using only one colour is cheaper than with many colours, but why black? The reason is that black dries more quickly than other colours; that is one of the laws of physics. Like many decisions made by Mr Ford, the choice of colour was based soundly on natural laws and not on aesthetics or whim.

The ' nuts and bolts' part of the story is interesting, but it is the design process as a piece of social history that is of greater importance. What was the relationship between members of the design team? What was the right size of the team? How was it that men of vastly different backgrounds and skills worked together so well? How did the clear vision of what was needed arise in Mr Ford' s mind? How did he carry this through without compromise? The surviving information on the early days of the Ford Motor Company is vast and has been raked over time and time again, but these questions have not been answered. The leading player, Henry Ford himself, did not write down the answers and some of the things he did say were aimed at putting people off the scent. We can only use our intuition to find an answer.

Mr Ford assembled a small team. It was not a case of finding the best individual designers or groups and charging one with designing the engine, another the gearbox, and so on. Car-makers may do this nowadays, but it is not good. We cannot find out today ' who' designed ' what' in the Model T for the simple reason that it was not a matter of solo performances; the whole was developed in unison. It is true that each member of the small team was an expert. Sorensen describes some of them. C Harold Wills served an apprenticeship as a tool-maker and studied engineering at night school. ' He had a passion for mechanical design. ' For some reason, he seemed to have been kept a bit at arm' s length, but there is no doubt that he contributed. Joseph Galamb, who had been educated in Hungary, was a professional engineer and understood tooling; he kept the whole project together. Sorensen was a pattern-maker with a deep understanding of foundry technique. Edward S Huff had experience in electrical work. There were others who played an important role, but the total number was less than a dozen.

The key factor was Mr Ford' s ability to choose the right people and to generate enthusiasm for working together on the project. Somehow he managed to get these clever people to pool their thoughts and contribute to a common design rather than follow their separate ideas. There were no social or hierarchical distinctions between the skilled tradesman and the professionally trained person. There appears to have been mutual respect for the capabilities of each member of the team. It has been said that the extraordinary growth of industry in the USA in the 20th century was possible because of the easy communication between those involved in any project. When people who had grown up in this system saw the class distinction that existed in European industry and the rigid barriers between the different levels in the organisation, they were horrified. They knew that in America the chief engineer would often talk to the man on the machine and both were confident that they could learn from each other.

Mr Ford was dedicated to the concept of a car that most people could afford. He often spoke of this objective and he achieved it. What made it possible was not only the creation of the manufacturing system to build the car in vast quantities, but the basic design of the vehicle. This was the great achievement and, among all the remarkable things that Mr Ford did, this design process is least understood. Had the design not been so brilliant, none of the rest would have followed. He never explained in detail the reasons for the design choices. It is possible that this came from distaste for displaying any kind of cleverness, which was a characteristic of many people of his time and background. Mr Ford was very free with his opinions on many matters, sometimes to the detriment of his reputation, but on the design of the Model T he was reticent. He was not alone in this behaviour. Ask any great artist to explain his most famous work and the answer will likely be ' Well that is the way it is' . A fine work of art has its own integrity and even to the creator it all falls into place in a way that cannot be explained easily.

Mr Ford did say that he wanted to produce a car that was light in weight and had a powerful engine. He achieved this. The car weighed only 1200 lb, which was very low for a vehicle built to carry five people. The engine produced 20 horsepower, which, at the time, was large for a car of this size and weight. Putting such a powerful engine into a light vehicle inevitably means that it will be neither quiet nor free from vibration. When the engine was running, the car was like a boxer dancing on his toes before a bout, but it was designed so cleverly that it did not tear itself apart. All of this was achieved by some remarkably clear thinking. The Model T was classified as a ' light car' by early writers, and while there were other light cars available, the Model T, by dint of clever design and strong materials, was not only light but extremely strong. The proof of the pudding is in the eating, and the legacy of the Piquette plant where the design took place is demonstrated not only by the millions of cars produced, but also by the incredible journeys made by the vehicle. Model Ts penetrated the outback of Australia, overcame the mud of the American West and survived the deserts of Africa and the Middle East. But that is another story.

One keeps coming back to the rocking chair in the small enclosure where the Model T was designed and the prototype assembled; it may have been the key to the integration of talents and ideas that took place. Modern management would not know what to do with a rocking chair. With its aura of sitting there and doing very little, it would be frowned on. On the other hand, Mr Ford may have done the most important thing we can ever do in life, which is to listen carefully to others and occasionally throw out a small idea-not an order, not a memo, not an email, but, at most, a quiet word. If this can be coupled with an uncompromising determination to do what, in your bones, you know to be right, then great things can be achieved.

Appendix 1 Production of Model T cars

The total number of vehicles that have been made since the introduction of the model in 1908 is given in Chart 1. This cumulative total shows the well-known fact that by the end of the model's run in 1927, some 15 million Ts had been produced. The curve suggests that growth was very slow at the beginning and still strong at the end, but this is misleading.

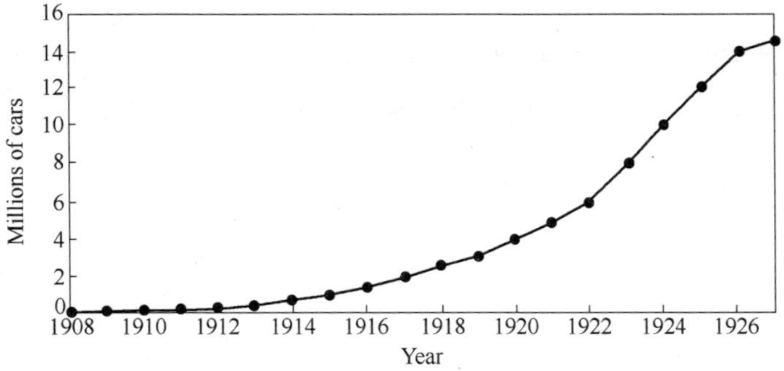

Chart 1: Cumulative total of Model Ts produced since the introduction in 1908.

Chart 2 shows the increase in production for a particular year compared with the preceding year. There is clearly an enormous growth in the first few years that died away during and just after the First World War, 1914-18, and then rebounded strongly in the early 1920s. In 1924, production was less than it had been in the previous year and this trend continued. It is generally accepted that the main reason for the reduction was the improved design of competitive vehicles. Mr Ford resisted the idea of a model change until it became unavoidable in 1927.

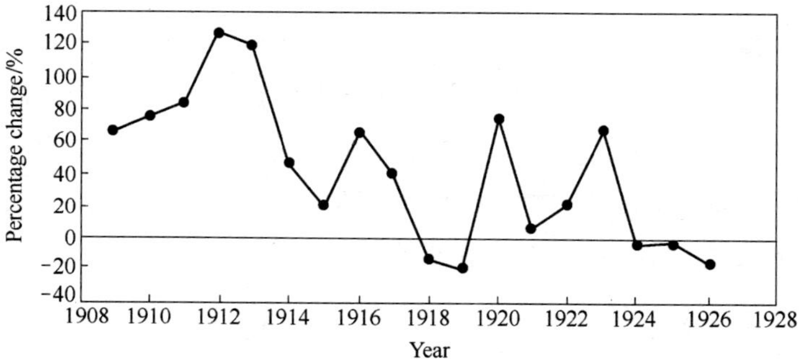

Chart 2: Percentage increase in any one year compared with the number for the previous year.

Appendix 2 Further unit conversions

Modern units for some of the salient quantities in the text are:

In changing from low gear to high gear with the engine running at 1000 revolutions per minute, the speed would change from 9 mph (or 14 kph) to 25 mph (or 40 kph).

There are 550 foot-pounds per second in 1 horsepower, which is equivalent to 0.746 kilowatts. The rated horsepower of the Model T engine was 20 hp or 15 kilowatts. The thermal efficiency of gasoline engines was low at that time, so if the engine was run at full power, it would be consuming energy at a rate of more than 50 kilowatts-equivalent to more than 50 small electrical heaters!

The engine size was 177 cubic inches or nearly 3 litres.

Bibliography

Bak, Richard, *Henry and Edsel: The Creation of the Ford Empire*. Wiley, New Jersey, 2003.

Chantrell, David, *Duncan and Fraser Ltd: Legacies Left Untold*. Not yet published.

Clymer, Floyd, *Henry' s Wonderful Model T*, 1908-1927. Bonanza Books, New Jersey, 1955.

Darwin, Norm, *The History of Ford in Australia*. Eddie Ford Publications, Victoria, Australia, 1986.

Dyke, A L, *Dyke' s Automobile and Gasoline Engine Encyclopaedia*, 21st edition. Goodheart-Wilcox, Chicago, 1949.

Ford Owner' s Handbook, Models T and A. Floyd Clymer Publications, Los Angeles, 1958.

Hayward, C L, *An Outline of Metallurgical Practice*. Van Nostrand, New York, 1929.

Lacy, Robert, *Ford: The Men and the Machine*. Heinemann, London, 1986.

Model T Ford Restoration Handbook. Floyd Clymer Publications, Los Angeles, 1971.

Nevins, A, *Ford: The Times, the Man, the Company*. Charles Scribner' s Sons, New York, 1954.

Nevins, A, *Ford: The Times, Expansion and Challenge:* 1915-1932. Charles Scribner' s Sons, New York, 1957.

Pagé, V W, *The Modern Gasoline Automobile*. Norman Henley Publishing, New York, 1912.

Sorensen, Charles E, *My Forty Years with Ford*. Norton, New York, 1956.

Afterword

The story of Mr Ford and his car is interesting in itself, but one may well ask whether it has any relevance to China. Two decades ago, passenger car production in China was static and had been so since the 1950's when a few factories were set up to build Russian-designed cars. Less than 1, 000 cars were produced per month and there was no change to the design or the manufacturing facilities. There has been a remarkable advance since then; in 2009, China produced many more cars than Canada, US and Mexico combined. The vehicles made in China were of good quality and mostly identical to those of similar make in other countries. The production facilities followed overseas practice using modern machine tools and robotics and the demand for the cars has been brisk. China then began to experience traffic problems in the major cities and it is reasonable to say that both the benefits and the drawbacks of modern motoring were imported very quickly into China.

If he had been alive today and confronted with this situation in China, what would Mr Ford have thought. It is unlikely that he would have wanted to compete with the existing Chinese car industry. Before the Model T, investors in Mr Ford' s company strongly urged him to produce a large, prestigious car; such cars were being built in America at the time and they were very similar to those being built in Europe. They were expensive and only bought by the wealthy, often to impress people and rarely to be used in business. There was a major dispute in the company on this matter which Mr Ford resolved by getting rid of the investors. Throughout his life, Mr Ford was more interested in the way his products improved the life of people, rather than in the products themselves. Surprisingly he was not interested in making money just to be wealthy; he considered that money enabled him to change things and more than anything, he wanted hard working people to have a fuller life; he did not feel that these luxury cars he was being asked to make did much for the ordinary man, or indeed for the world itself. Mr Ford was interested in more than cars; over the years he developed farm tractors and aircraft, engaged in mining and even built the world' s first airport hotel, the Dearborn Inn, where you can still stay and see furniture and paintings Mr Ford purchased to decorate it. The driving force behind his development of the Model T was to help rural people to lead fuller lives. Perhaps because of his upbringing, Mr Ford considered farming a difficult life. Families were isolated, roads were bad and communication and transport of produce difficult. Mr Ford wanted a car that farmers could afford and one that could handle the mud and snow of country roads; a car that was powerful, light, strong and could be maintained by a typical handy person. As demand and production grew at an amazing pace, it was clear that manufacturing increases the wealth of an area much faster than agriculture or any other activity; Detroit suddenly became a rapidly growing and busy centre where enormous wealth was created. In such a situation, one idea is to keep wages low and allow the wealth to accumulate amongst the owners of the production facilities. As is well known, Mr Ford took the opposite view; he increased the pay of workers as much as he could so that they could become owners of the cars they built and, as though by accident, he became one of the world's richest men and his workers enjoyed the best living conditions in the world.

It is likely that if Mr Ford was able to survey the existing automotive industry in China today, he would consider that it was doing well and it would not much interest him. He preferred to be active in areas that others had overlooked. He was always looking for new territories to explore; he never wanted to enter an overcrowded field where everyone was doing much the same thing, where technology was static and where people wanted to gain business by reducing the price of the product and taking customers away from existing companies. In China, he would see that many people are moving from the countryside to cities along the eastern and southern coast and that these cities are becoming crowded; he would see that they are also becoming prosperous compared with many other regions in China and that the economic benefits of manufacturing were being concentrated geographically. With his keen mechanical mind, he would realise that there was a need for vehicles in the countryside, but those being manufactured might not be entirely suited to conditions there and they might be too expensive for many farmers. Perhaps he might suggest that instead of bringing people to already crowded manufacturing centres, it might be better to move manufacturing to the countryside. He then might think of the kind of vehicle that would best suit the needs of country people; the car or truck that best suited the conditions there might be different from the Western style car being produced and he would turn his creative skills to designing such a vehicle. It would be cheap, powerful, light and strong and it would be designed so that it could be manufactured in many centres in the countryside. It would certainly be different from the original Model T; that was for one hundred years ago and we have moved very far in design, manufacturing and safety since then. It would not be like the existing cars being made and it would not create competition with the existing Western style industry in China. It would serve a different market and create a new and parallel auto industry. It would be a distinctly Chinese vehicle, manufactured in a new way that suits the need of the country rather than the city. One thing is certain, if Mr Ford had his way, and he usually did, the vehicle would be what was needed for the purpose, not what people said they wanted.

Of course Mr Ford is not alive today, but it may well be that somebody reading this book will see an opportunity and will have the skill and determination to do what he would have done.

About the author

In 1909, John Duncan's grandfather obtained the agency for the Model T Ford in South Australia. He and his brothers operated a large coach building business and already were agents for several American and British cars. During the First World War, the Australian government placed an embargo on the importation of automobile bodies and the company made many thousands of bodies in Australia for Model T cars. John's father became manager of the Service Department until 1927 when the company ceased operations because had Ford established their own factory in Australia. John graduated in mechanical engineering from the University of Melbourne in 1956 and worked for Caterpillar Tractor Co. in the US and Australia on the construction of earthmoving equipment. In 1961 he and his wife went to England and he engaged in metal forming research under Professor W Johnson, FRS and was awarded a PhD in 1968. During this time he began an association with Professor Z Marciniak from Poland and this culminated in the publication of a text on sheet metal forming. In 1970 John Duncan was appointed a Professor at McMaster University in Canada and with Dr R Sowerby became involved with automobile companies in Detroit and with steel and aluminum producers. In 1982, McMaster University invited a number of scholars to engage in research and John started a collaboration with Professor Wang Xianjin that is still continuing. In 1984 he and his wife made the first of many visits to China where he lectured at the University of Iron and Steel Technology, now the University of Science and Technology, Beijing (USTB). He has also lectured at other universities including the Universities of Aeronautics and Astronautics at Beijing and

Nanjing, North Eastern University, Shenyang, Shanghai Jiaotong University and was made Honorary Professor of USTB and North Eastern Universities.

In 1984 John was elected as a Fellow of the American Society for Metals and in 1986 moved to New Zealand as Professor of Mechanical Engineering at the University of Auckland. He retired in 1998 and was made a Professor Emeritus. He then pursued research with Professor S J Hu at Michigan University and Professor Peter Hodgson at Deakin University, Australia, where he was made Honorary Professor in 2009.

As a teacher, John has maintained two parallel interests. One is in the education of students in the philosophy of engineering design with particular emphasis of learning the process of design and of mentoring in actual design projects. The other is in the development of courses in the mechanics of metal forming that follow on in a similar style from the teaching of the mechanics of materials in undergraduate curricula. In the research field his work has been mainly in sheet metal forming and has concentrated on simple analytical models of processes and in extending materials testing beyond the tensile test.

John has always had an interest in the history of the automobile. In the 1950s, he and his friends restored a 1911 Mitchell motor car and built a body for this. He still owns the car and it is an important family member. Recently he purchased a 1918 Model T Ford having a “deluxe body” built by his grandfather. This is now forming the focus of interest in a wide number of descendants in the history of the family from the time that James Duncan emigrated in 1861 to Australia from Scotland attracted, as were many thousands of men from China, to make a fortune at the goldfields. He found no gold and wisely employed his talents to establish a company making horse-drawn wagons, tram cars and eventually motor car bodies.